读客文化

冯友兰

中国哲学小史

谁说中国没有哲学？
冯友兰带你认知中国哲学的独特体系！

冯友兰 著

北京日报出版社

图书在版编目（CIP）数据

冯友兰中国哲学小史 / 冯友兰著 . -- 北京 : 北京
日报出版社 , 2023.6（2024.1 重印）
ISBN 978-7-5477-4406-2

Ⅰ . ①冯… Ⅱ . ①冯… Ⅲ . ①哲学史 – 中国 Ⅳ .
① B2

中国版本图书馆 CIP 数据核字（2022）第 188984 号

冯友兰中国哲学小史

作 者：	冯友兰	
责任编辑：	辛岐波	
特约编辑：	阮思懿	
封面设计：	张王珏	
出版发行：	北京日报出版社	
地 址：	北京市东城区东单三条8-16号东方广场东配楼四层	
邮 编：	100005	
电 话：	发行部：（010）65255876	
	总编室：（010）65252135	
印 刷：	河北中科印刷科技发展有限公司	
经 销：	各地新华书店	
版 次：	2023年6月第1版	
	2024年1月第2次印刷	
开 本：	880毫米×1230毫米 1/32	
印 张：	8.5	
字 数：	180千字	
定 价：	59.90元	

导　读

一、"三史"之外，尚有"小史"

"三史释今古，六书纪贞元。"这是冯友兰先生自撰的莛联，言虽简而气恢宏，极好地概括了冯先生彪炳史册的哲学成就。

冯友兰（1895—1990），字芝生。古人云："芝兰生于深林，不以无人而不芳。"兰、芝，香气芬芳淡雅，如德行高洁的君子，虽不求闻达，然其德、其言、其行，足以滋润时人而遗泽后世。冯友兰以哲学立世，致力于哲学史研究和原创性的哲学理论工作。上言"贞元六书"（1939—1946）包括《新理学》《新事论》《新世训》《新原人》《新原道》《新知言》，乃是冯友兰所建构的"新理学"原创哲学体系。上言"三史"即冯友兰所著三种中国哲学史，依照撰述年代依次为《中国哲学史》（上下卷，1931、1934）、《中国哲学简史》（1948）、《中国哲学史新编》（七册，1982—1991）。这是以一己之力疏通中国几千年哲学演进之脉络。冯友兰自己的哲学工作已成为中国现代哲学史演化不可或缺的一环。实际上，因冯友兰"三史"的最后一种《中国哲学史新编》作于晚年，是以其中不得不客观地专辟一章讨论自己的"新理学"。

然则，冯友兰的哲学史著作实际上不止三种。在"三史"之外尚有一种"小史"，即《中国哲学小史》。《中国哲学小史》（以下简称为《小史》）收入于《三松堂全集》第三卷，其中有编者说明：此书"1933年12月作为'百科小丛书'之一由商务印书馆出版"。从内容上看，《小史》乃是冯友兰两卷本《中国哲学史》的精要本。《中国哲学史》上卷出版于1931年，而下卷虽然于1934年9月才正式出版，但书稿已在《小史》之前完成。如下卷"自序"落款为"二十二年六月"，即1933年6月。

二、文质彬彬，然后良史

冯友兰于1946—1947年在美国宾夕法尼亚大学任访问学者，讲授中国哲学史课程，英文讲稿于1948年出版，书名为 *A Short History of Chinese Philosophy*，是为《中国哲学简史》（1984年涂又光中译本出版，以下简称《简史》）。其"自序"云：

> 小史者，非徒巨著之节略，姓名、学派之清单也。

譬犹画图，小景之中，形神自足。非全史在胸，曷克臻此。惟其如是，读其书者，乃觉择焉虽精而语焉犹详也。

历稽载籍，良史必有三长：才，学，识。学者，史料精熟也；识者，选材精当也；才者，文笔精妙也。著小史者，意在通俗，不易展其学，而其识其才，较之学术巨著尤为需要。[1]

此段文字为《简史》而作，但也给我们提供了一个观察《小史》的极好视角。以文才观之，《小史》的文字要言不烦，清通峻拔。清通峻拔，其文也，其才也，亦其质也，其识也。《论语·雍也》："文质彬彬，然后君子。"同样，文质彬彬，然后良史。

冯友兰既作二卷本《中国哲学史》，对于中国哲学从先秦诸子到清末经学的演变脉络自然已是全幅在胸。《论语·颜渊》载子贡与孔子的问答：食、兵、信，三者乃为政之要；但是，如"必不得已而去"，一定要暂且搁置起来，去之又去，最后留下来最为要紧的，就是"信"，所谓"民无信不立"。冯友兰作《小史》，也面临类似抉择：不同历史时段固然都很重要，但是，如"必不得已而去"，则何者为先？冯友兰的选择是，留下

---

1 冯友兰：《中国哲学简史》，《三松堂全集》第六卷，郑州：河南人民出版社，2001年第2版，第3页。

先秦诸子和宋明道学，其理由如下："魏晋之玄学，即先秦诸子之学中道家之学之继续。隋唐之佛学，虽亦有甚大势力，然终非中国思想之主流。清代之义理之学，乃宋明道学之继续。故此小史所述，仅详于先秦诸子之学，及宋明之道学。"（见《引言》章）如此裁断，非全史在胸，曷克臻此。如此裁断，已可见冯友兰史识高明之一端。《小史》取材之详略，于目录便不难见之。全书除附录共十三章，依次为：孔子、墨子、孟子、老子，惠施、公孙龙、《墨经》，庄子，荀子，五行、八卦，佛教、道教与道学，周濂溪、邵康节，张横渠及二程，朱子，陆象山、王阳明。前八章为先秦诸子，中间二章略述过渡时期，后四章为宋明道学。

读者如仅看目录，很容易产生"姓名、学派之清单"的印象。但实际上，冯友兰很在意人物、学派之间的历史关系和义理比较，并用心安排了不同章节之间的映照关联。如果把各章相关文字放在一起，读者就不难概观中国哲学的全貌与基本精神。以先秦部分为例：

中国之文化，至周而具规模。但至春秋之时，原来之周制，在社会、政治、经济各方面，皆有根本的改变。此种种大改变发动于春秋，而完成于汉之中叶，此数百年为中国社会进化之一大过渡时期。（见《孔子》章）

在一社会之旧制度日即崩坏之过程中，自然有倾向于守旧之人，目睹"人心不古，世风日下"，遂起而为

旧制度之拥护者，孔子（西历纪元前551年—前479年）即此等人也。（见《孔子》章）

墨子（西历纪元前479年？—前381年？）在孔子之后，其学为继承孔子之儒家之反对派。……儒家"正其谊不谋其利；明其道不计其功"。而墨家则专注重"利"，专注重"功"。（见《墨子》章）

孔子开以讲学为职业之风气，其弟子及以后儒者，多以讲学为职业……然能"以学显于当世"者，则推孟子（西历纪元前371年？—前289年？）、荀卿。（见《孟子》章）

孔子之时，据《论语》所载，有"隐者"之徒，对于孔子之行为，常有讥评。孟子之时，有杨朱之徒，持"全生保真"之学说。此即后来道家者流之前驱也。后来道家者流，分为老庄二派。道家之有老庄，犹儒家之有孟荀也。（《老子》一书出在孟子后，辩论甚多，兹不详举）（见《老子》章）

（达到神秘主义的境界，孟子、庄子各有其方法。）此二方法，在中国哲学史中，分流并峙，颇呈奇观。不过庄学之方法，自魏晋而后，即无人再讲。而孟子之方法，则有宋明诸哲学家，为之发挥提倡，此其际遇之不同也。（见《庄子》章）

先秦儒家最后之大师为荀子（西历纪元前298年？—前238年？）。……战国时儒家中有孟荀二学派之争，亦犹宋明时代道学家中有程朱、陆王二学派之争也。

（见《荀子》章）

　　儒、墨、道之是非，道家之流衍，儒家内部孔、孟、荀之同中有异，孟、庄之异中有同，如此种种，构成了一幅相互联系的诸子图景，所谓"小景之中，形神自足"是也。另外，有两点值得注意。其一，《中国哲学史》将中国古代哲学划分为子学时代和经学时代两期，分界线正是"汉之中叶"。其标志性事件，则是汉武帝用董仲舒策，罢黜百家而独尊儒术。子学时代，哲学之发达，"由于当时的思想言论之自由；而其思想言论之所以能自由，则因当时为一大解放时代，一大过渡时代也"。自汉武帝、董仲舒以后，"以利禄之道，提倡儒学，而儒学又须为上所定之儒学。于是'天下英雄，尽入彀中'；春秋以后，言论思想极端自由之空气于是亡矣"[1]。其二，冯友兰特别说明："《老子》一书出在孟子后，辩论甚多，兹不详举。"这里关涉老子其人与《老子》其书的时代考辨，学界因意见之不同，对老子的位置安放便有不同的处理方式。冯友兰将《老子》安排在孟子之后、庄子之前，钱穆《庄老通辨》则以老子为庄子思想之发展，冯契《中国古代哲学的逻辑发展》则将《老子》归于春秋时期，放在孔、墨之后加以讨论，如此种种。

---

1 参见冯友兰：《中国哲学史》（上），《三松堂全集》第二卷，郑州：河南人民出版社，2001年第2版，第268、269页。

进一步看，《小史》乃是关于哲学的史，其选材之精，更在于挑选了能够反映哲学家之哲学思想的核心材料，加以逻辑重构，将哲学家的思想以注重分析和论证的形式清晰地呈现出来。将《小史》《中国哲学史》二书相应的章节加以对照，不难发现，《小史》删去了非哲学的部分，如人物生平传说、史料考辨等，只留下义理分析（保留全部，或取其部分）。得益于这种删繁就简的工作，《小史》在哲学思想叙述方面甚至较之《中国哲学史》更加纯粹、更加清晰。非有明晰的哲学见地成竹在胸，曷克臻此。《中国哲学史》及《小史》在写法上固然是哲学史家的"照着说"，但哲学家的见地已是蕴含其中。

三、依傍与逸出：《小史》之哲学观

1. 依傍西方之philosophy（哲学）框定中国之哲学

哲学家的见地，首先反映于哲学观，即关于何为哲学等基本问题的看法。何为哲学的问题不明，则无从判定哲学史当处理何种材料。在中国哲学作为一门现代学科草创之际，这一问题无疑是首要的问题。《小史》开篇云："'哲学'本一西洋名词。今讲中国哲学史，其主要工作之一，即是就中国历史上各种学问中，将其可以西洋所谓哲学名之者，选出而叙述之。"（见《引言》章）由此观之，冯友兰乃是依傍西方之philosophy框定中国之哲学。如果将"哲学"和"philosophy"视为个别形态，那么，"philosophy" 对于"哲学"来说，不仅时间在先，而且逻辑也在先。"哲学"处于后出依附的地位。从冯友兰遵循的共相论出发，则是另一种思路："philosophy" 是普遍的，参照"philosophy"成立的"哲学"也是普遍的；中国哲学即是在中国的哲学或philosophy、发现于中国的哲学或philosophy，并无有别于西方philosophy的中国哲学。

哲学或philosophy的普遍性，既反映在内容上，也表现为特定的形式。就形式言，则是讲究理论论证，立一主张，"须说出其所以有其主张之理由，与之以理论上的根据"。（见《孔子》章）《小史》诸章，都是找出哲学家之所"见"（vision），进而在给出史料的基础上分析其理智的论辩，各部分之间"如枝叶扶疏之树"，"首尾贯彻，打成一片"。[1]就内容言，则包括三大部。《小史》云："希腊哲学家往往分哲学为三大部：（一）物理；（二）伦理；（三）论理。其所谓物理、伦理、论理，其范围较现在此三名所指为广。以现在术语言之，哲学包涵三大部：即（一）形上学；（二）人生哲学；（三）方法论。"（见《引言》章）讲中国哲学史，即是就中国历史上各种学问中，选出以上三部分内容而叙述之。冯友兰的哲学观深刻影响了现代中国哲学史及现代中国哲学的基本范式：依傍西方之philosophy框定中国之哲学，标举逻辑分析为主导性的研究方式，而《中国哲学

---

1 参见冯友兰：《中国哲学史》（上），《三松堂全集》第二卷，郑州：河南人民出版社，2001年第2版，第251—253页。

史》对史料的处理也几乎框定了后续中国哲学史研究所应处理的题材范围。

与此同时，百余年来，中国哲学也一直处在不断自我反思、自我觉醒与自我更新的过程之中。何为中国哲学，中国哲学何为？这样的追问从未停止过。进入21世纪，在经历最初的合法性问题论争之后，中国学界对中国哲学的态度发生了较为明显的分化。一种取径，主张放弃"哲学"以摆脱西方"philosophy"的消极影响，由中国"哲学"研究回归中国"思想"研究、儒学研究或经学研究。另一种取径，认为中国哲学迫切需要从以历史为导向的哲学史研究模式转向以问题为中心的哲学运思，通过更加自觉的哲学理论创建工作，挖掘中国思想（包括儒学思想在内）的哲学意蕴，以此挺立当代中国哲学的理论价值与实践意义。就后一取径而言，近年来不少学者进行了富有启发性的探索，呈现出不同的风格。比如，陈来自觉接续冯友兰"贞元六书"的事业，在新的历史条件下作"新原仁"，将儒家古典仁学发展为当代儒家的仁学本体论；复作"新原德"，发展出一种不同于西方当代美德伦理的儒学美德论。[1]相形之下，陈少明似乎没有那么鲜明地标举儒家立场。他在意哲学，而不甚在意"儒家"哲学。他在方法论层面自觉反思如何"做中国哲学"，同时在具体问题的研究中实实在在践行"做中国哲学"的主张，并且呈现出注重

---

1 参见陈来：《仁学本体论》，北京：生活·读书·新知三联书店，2014年版；《儒家美德伦理》，北京：生活·读书·新知三联书店，2019年版。

从新的角度阐发经典"思想"、注重观念与经验生活的关联等鲜明的特点。[1]相对于陈少明的某种"反形而上学",杨国荣则表现出对形而上学的偏好,他将自己的主要理论工作概括为"具体的形上学"[2]。杨国荣的哲学运思以问题为导向,注重概念考察,在理论分析的过程中"学无中西",调用各种中西思想资源。除了陈来、陈少明、杨国荣之外,张祥龙、黄玉顺、黄勇、倪培民、赵汀阳等学者的工作也值得关注。

对中国哲学的反思,很大程度上乃是反思"中国"与"哲学"的关系。美国学者詹斯在讨论"有没有非洲哲学"的问题时区分了两种"非洲哲学",其中的"非洲"或作为空间,或作为所在(place)。如果将"非洲哲学"之"非洲"理解为空间,则有意无意之间把"非洲"视为一种智性上的地盘。"有没有非洲哲学"的问法,正是意图用"非洲有哲学"来证明非洲思想的价值,而"哲学"则是不成问题且可被用作证据的东西,是不受地域影响的普遍者。在这里,"非洲"作为空间是外在于哲学的。相反,如果将"非洲哲学"之"非洲"理解为所在,我们就会把注意力引向非洲这个地域和哲学,以及作为哲学思想的诸种观念之间的关系,关注非洲这个地域如何赋予这些哲学观念

---

1 参见陈少明:《做中国哲学——一些方法论的思考》,北京:生活·读书·新知三联书店,2015年版;《仁义之间——陈少明学术论集》,贵阳:孔学堂书局,2017年版。

2 杨国荣"具体的形上学"著作包括《道论》《伦理与存在》《成己与成物》《人类行动与实践智慧》《人与世界:以事观之》等。

以生命力。哲学不再是先在之物，不再是与地域无关的普遍者。"非洲"从标识"哲学"所在的外在空间转变为标识"哲学"发生其中的地域及地域特质（归因于地域的内在性）；或者用詹斯的区分来说，"非洲"从标识"哲学"的空间性转为标识其所在性。[1]詹斯启发我们，"中国哲学"中的"中国"也有空间与所在之异。冯友兰强调哲学的普遍性，在相当大的程度上正是将"中国"视为空间而非所在。无论是在中国的哲学，还是发现于中国的哲学，中国都不是影响哲学的因素。冯友兰之后，中国哲学界对"中国哲学"的反思，呈现出逐渐强调中国之所在性的倾向。

然而，中国哲学因其中国性（包括使用汉语这一因素）而有其独特价值，这是否意味着中国哲学是特殊的？这便涉及"哲学"与"philosophy"的中西古今之争，涉及"何为哲学"这样的元哲学问题，在根本上则是如何处理"一多"关系这一根本哲学问题。如果我们排斥抽象的普遍性，以及基于抽象之普遍性的一元论或本质主义，对"一多"问题的讨论将进一步追问：除了共殊（普遍与特殊）、家族相似的理解方式之外，是否还有其他更为合理的处理"一多"的方式？"一多"问题同时也是处理不同文明如何共处的根本问题。进一步来说，我们需要把"哲学"与"philosophy"的中西古今之争放到中西文明交涉的背景中做知识社会学反思。一方面，要克服西方philosophy对于中国哲学的认知

---

1 参见［美］B. B. 詹斯：《定位非洲哲学》，叶磊蕾译，《世界哲学》，2017年第3期，第95—109页。

暴力；另一方面，则要确定世界文明背景下应有的哲学姿态，避免对西方philosophy的简单排斥，避免以"中国"自限。

2. 中国哲学之逸出

以上讨论的出发点，乃是冯友兰依傍西方之"philosophy"成立中国之"哲学"。然则，细察《小史》，却可以感受到冯友兰逸出西方之"philosophy"的倾向。时人批驳冯友兰，于此点似有所忽略。《小史》在讲完哲学包括形而上学、人生哲学、方法论等三大部之后，紧接着说："诸子之学等学问中，其言天道之部分，即约略相等于西洋哲学中之形上学，其言性命之部分，即约略相等于西洋哲学中之人生哲学。"（见《引言》章）约略者，仿佛近似之也。以西释中，于此已有勉强之感。更进一步，《小史》继续说道："但西洋哲学中方法论之部分，在先秦诸子之学中，尚有与约略相当者；此后讲此方面者，在中国可谓绝无仅有。此后所谓道学及义理之学，固亦有其方法论，即所讲为学之方是也。不过其所讲之方法，乃修养之方法，非求知之方法耳。"（见《引言》章）简言之，在方法论上，中西差异甚大。如以西方哲学所讲之方法论（即知识论与逻辑学）观之，中国哲学中仅有先秦名学勉强与之相当。《小史》固小，仍是设专章"惠施、公孙龙、《墨经》"一章，讨论名家、后期墨家及庄子的名学。《中国哲学史》中的"惠施公孙龙及其他辩者"一章讲到，惠施等辩者传世材料极少，但仍是要讲，因为"中国哲学史之只有纯理论的兴趣之学说极少，若此再不讲，则中国哲学史更觉畸形"[1]。惠施等辩者之说自然有政治伦理的理想，而不是"纯理论的兴趣"，冯友兰自己于他处也已明言之。除此修正之外，我们还是可以承认名学在中国哲学史上居有独特地位。《小史》指出，宋明理学所讲的方法意在修身，并非西方所讲的方法。宋明理学所讲究的方法，用理学话语来说，即是功夫。冯友兰已明确指出，功夫论不同于知识论与逻辑学意义上的方法论。现在的问题是，如果严格依傍西方之philosophy框定中国之哲学，那么，中国哲学史应该完全不讲功夫论。但《小史》实际上并没有这么做。这尤其体现在下面这一细节上。

《小史》在《中国哲学史》的基础上删繁就简，删去很多章节，删去历史性的叙述，精选反映哲学家思想的直接文献。不过，有意思的是，"孟子"一章中有一条详注却被完整地保留了下来。冯友兰对它的重视程度可想而知。其辞曰：

> （注）神秘主义一名，有种种不同的意义。此所谓神秘主义，乃专指一种哲学，承认有所谓"万物一体"之境界。在此境界中，个人与"全"（宇宙之全）合而为一，所谓人我内外之分，俱已不存。普通多谓此神秘主义必与唯心论的宇宙论相关联。宇宙必为唯心论的，宇宙之全体，与个人之心灵，有内部的关系；个人之精

---

1 冯友兰：《中国哲学史》（上），《三松堂全集》第二卷，郑州：河南人民出版社，2001年第2版，第424页。

神，与宇宙之大精神，本为一体，特以有后起的隔阂，以致人与宇宙，似乎分离。佛家所说之无明，宋儒所说之私欲，皆指此后起的隔阂也。若去此隔阂，则个人与宇宙复合而为一。佛教所说之证真如，宋儒所说"人欲尽处，天理流行"，皆指此境界也。不过此神秘主义，亦不必与唯心论的宇宙论相连。如庄子之哲学，其宇宙论非必为唯心论的，然亦注重神秘主义也。中国哲学中，孟子派之儒家，及庄子派之道家，皆以神秘境界为最高境界，以神秘经验为个人修养之最高成就。但两家之所用以达此最高境界、最高目的之方法不同。道家所用之方法，乃以纯粹经验忘我；儒家所用之方法，乃以"爱之事业"（叔本华所用名词）去私。无我无私，而个人乃与宇宙合一。如孟子哲学果有神秘主义在内，则万物皆备于我，即我与万物本为一体也。我与万物本为一体，而乃以有隔阂之故，我与万物，似乎分离，此即不"诚"。若"反身而诚"，回复与万物为一体之境界，则"乐莫大焉"。如欲回复与万物为一体之境界，则用"爱之事业"之方法。所谓"强恕而行，求仁莫近焉"。以恕求仁，以仁来诚。盖恕与仁皆注重在取消人我之界限；人我之界限消，则我与万物为一体矣。此解释果合孟子之本意否不可知，要之宋儒之哲学，则皆推衍此意也。（见《孟子》章）

冯友兰在这里论述了何为神秘主义及释、道（庄子）、儒（孟子及宋儒）在神秘主义问题上的同异。上一节引述《小史》先秦诸章的若干论述，所引《庄子》章就讲了孟子、庄子以不同的方法达到神秘主义境界，而宋儒则发挥提倡孟子之方法。神秘主义，就境界而言，"我与万物一体"；就方法而言，"或以纯粹经验忘我，或以恕与仁去私"。无论是"忘"还是"去"，其共同点，则是负底方法。冯友兰于他处明确说道："负底方法在实质上是神秘主义的方法。"[1]负底方法显然不是知识论与逻辑学意义上的方法，而是修身意义上的功夫。《小史》花不少笔墨阐述神秘主义，在自觉或不自觉中已逸出西方philosophy所框定的范围。《中国哲学史》曾以"旧瓶装新酒"比喻说明近代以来中国旧有的经学框架最终难以容纳西学而被撑破。我们不妨暂拟"洋瓶装土酒"之喻：洋瓶者，philosophy是也；土酒者，中国本土之思想是也；性与天道之学，尚可容于洋瓶之中，至神秘主义非西方方法论所能笼罩，则洋瓶"已扩大至极而破裂之象也"。[2]

---

1 冯友兰：《中国哲学简史》，《三松堂全集》第六卷，第288页。

2 参见冯友兰：《中国哲学史》（下），《三松堂全集》第三卷，第435页。近年来，倪培民、陈立胜、彭国翔、王正等学者下功夫研究中国传统哲学中的功夫论。面对功夫论与philosophy范式之间的张力，不同的学者因哲学观之不同而有不同的处理方式。以倪培民为例，他在讲"哲学的功夫化"的同时，主张以"功夫论的哲学转向"而做一种"功夫哲学"，后者仍是试图将功夫纳入philosophy范式之内（参见倪培民：《儒家功夫论》，北京：商务印书馆，2022年版）。

这种逸出，结合"新理学"哲学体系可以看得更清楚。冯友兰在写完《中国哲学史》之后，转而创作自己的哲学理论，写成"贞元六书"。就其内部结构而言，《新理学》《新原人》属于纯粹哲学；《新事论》《新世训》乃是纯粹哲学在文化社会与生活方式等实际问题上的作用，或者说是外王之学；《新原道》《新知言》则是在中西哲学脉络中甄定"新理学"的位置，实际上也就是证明"新理学"对于中西哲学都是"接着说"。《新原道》把"极高明而道中庸"作为标准，以此评定中国哲学史上各重要学派的价值，而"极高明而道中庸"正是"新理学"所推崇的人于世间应该实现的天地境界。《新原道》也可以说是一种以"新理学"为最高哲学成就，并由之出发反观哲学史的特殊的哲学史。它试图一方面证明，"新理学"是真正合乎中国哲学的精神，是真正接着中国哲学的传统讲的；另一方面证明，"新理学"是中国哲学精神的最新与最高发展形态。《新知言》则从方法入手。"新理学"是最哲学的哲学，所用的方法是最哲学的形上学的方法，包括正底方法与负底方法。正底方法，即逻辑分析的方法。冯友兰依次考察柏拉图、斯宾诺莎、康德、维也纳学派的方法，认为"新理学的工作，是要经过维也纳学派的经验主义而重新建立形上学"[1]，由此明确指出"新理学"于西方哲学"接着说"的雄心。至于

1　冯友兰：《新知言》，《三松堂全集》第五卷，郑州：河南人民出版社，2001年第2版，第194页。

"讲形上学不能讲"的负底方法，冯友兰则以中国的禅宗为代表加以说明。"新理学"所讲的天地境界，只能以负底方法体证之。为什么由西方转向中国的禅宗？因为"在西方哲学史中从未见到充分发展的负底方法"[1]。如此，中西方哲学于负底方法和正底方法各有长短；如果说，只有正底方法与负底方法"两者相结合才能产生未来的哲学"，那么，"新理学"已是一种结合正负方法的未来哲学和不囿于中西的世界哲学。

由此可知，《小史》（及《中国哲学史》）逸出西方philosophy所框定的范围，推崇神秘主义或负底方法，这表明，《小史》实际上在相当大程度上承认了中国哲学有别于西方philosophy的特殊面相。而如果要承认中国哲学不因其特殊面相而失去哲学的地位，那么，就需要一种放弃西方philosophy之普遍性（兼及内容与方法两个层面）而成立一种新的哲学观。这样一种哲学观，无以名之，暂且称之为世界哲学观。一方面，世界哲学既在"philosophy"之中，又在"哲学"之中，但又不是"philosophy"与"哲学"之抽象普遍的共相；另一方面，世界哲学既非"philosophy"所能代表，亦非"哲学"所能穷尽。进而，在世界哲学之中，"philosophy"与"哲学"并非泾渭分明，因其中一部分乃是由"philosophy"与"哲学"相互激荡、交融相济而产生的新内容，非中非西、不中不西。仍设喻明之：此部

---

1 冯友兰：《中国哲学简史》，《三松堂全集》第六卷，郑州：河南人民出版社，2001年第2版，第288页。

分新内容乃是新酿之酒，"philosophy"和"哲学"乃其中之原料是也。

中国现代哲学学科范式的建立，除了冯友兰《中国哲学史》之外，另一部基本著作则是胡适的《中国哲学史大纲》（卷上，1919）。耐人寻味的是，胡适这部开风气之先的著作同样蕴含世界哲学视角，而这样的视角同样被读者所忽视："世界上的哲学大概可以分为东西两支。东支又分印度、中国两系。西支也分希腊、犹太两系。初起的时候，这两系都可算作独立发生的。到了汉以后，犹太系加入希腊系，成了欧洲中古的哲学。印度系加入中国系，成了中国中古的哲学。到了近代，印度系的势力渐衰，儒家复起，遂产生了中国近世的哲学，历宋元明清，直到于今。欧洲的思想，渐渐脱离了犹太系的势力，遂产生欧洲的近世哲学。到了今日，这两大支的哲学互相接触、互相影响。五十年后，一百年后，或竟能发生一种世界的哲学，也未可知。"[1]

推而广之，中国近现代诸多哲学家尽管在"古今中西"之争问题上有不同的立场，在对待中西文化的关系上亦各有偏重，但往往都胸怀世界哲学的追求。如梁漱溟、熊十力，他们较之胡适更接近文化守成主义者，但梁漱溟的《东西文化及其哲学》分析疏理中、西、印三种文化，显然已在世界层面运思，而全书的归宿，亦是世界文化的未来；熊十力《佛家名相

1　胡适：《中国哲学史大纲》，北京：商务印书馆，2011年版，第4页。

通释》主张，为全人类幸福计，实现"异生皆适于性海，人类各足于分愿"的美好愿景，"其必待中、印、西洋三方思想之调和，而为未来世界新文化植其根"[1]。又如冯友兰的弟子冯契亦以哲学家兼哲学史家名世，他认为："中西方的文化，中西方的哲学在中国的土地上已开始趋于合流，有待于进一步推进，这也是一件具有世界意义的大事。"[2]中国哲学的当代发展，便不能囿于"中国"，而是要自觉参与到世界性的百家争鸣及世界哲学史的当代展开。[3]

四、贞下起元：《小史》之史德

良史有三长，曰才、学、识。此唐人刘知几之说也。清人章学诚加以发挥，进一步提出史德说："自古以来，文士多而史才少，何也？史才须有三长，才、学、识三者，得一不易，而兼三尤难。千古多文人而少良史，职是故也。史所贵者义也，而所具者事也，所凭者文也。非识无以断其义，非才无以善其文，非学无以练其事。……能具史识者，必知史德。德者何？谓著书者之

1 熊十力：《佛家名相通释》，上海：东方出版中心，1985年版，第4页。

2 冯契：《中国近代哲学的革命进程》，《冯契文集》（增订版）第7卷，上海：华东师范大学出版社，2016年版，第653页。

3 参见刘梁剑：《成性存存，自由之门：论冯契对王夫之的哲学书写》，《华东师范大学学报（哲社版）》，2020年第2期。

心术也。"[1]那么，《小史》之史德如何？著《小史》者之心术如何？

《中国哲学史》《小史》与"新理学"作于20世纪三四十年代。冯友兰多次强调，这是中华文明"贞下起元"的时代。《周易》讲"元亨利贞"，"贞""元"分别代表了事物发展的旧终结与新开端。"贞元之际"，将最艰难的时代领会为最有希望的时代，进而带着这样的领会投身到将最艰难时代转化为最有希望时代的大化洪流之中。"艰难困苦，玉汝于成。"《周易》说："天地之大德曰生。""新理学"将"生"的精神贯穿于道德哲学，主张人的生存境界可以不断提升，也应该不断提升：从自然境界始，经由功利境界、道德境界，最后抵达天地境界。另外，冯友兰的"新理学"，既是旧的宋明理学在现代的开新，又是对于西方新实在论的"接着说"，本身也鲜明地体现了中华文明不断别开生面的精神。这大概可以说明，为什么读冯友兰的哲学书，可以让人精神焕发、信心倍增。

冯友兰哲学理论创作和哲学史写作之间气脉相通。读冯友兰的哲学史，同样可以强烈地感受到贞下起元、继乎斯文的使命感与自信心。"新理学"所讲的天地境界，正是由神秘主义或负底方法所抵达的我与宇宙万物合一的境界。此时之我，乃将自我觉解为天民，即宇宙中的一分子。《中国哲学史》

---

1 章学诚：《文史通义·史德》，见章学诚撰、叶瑛校注：《文史通义校注》，北京：中华书局，1985年版，第219页。

（下）"自序一"："吾先哲之思想，有不必无错误者，然'为天地立心，为生民立命，为往圣继绝学，为万世开太平'，乃吾一切先哲著书立说之宗旨。无论其派别为何，而其言之字里行间，皆有此精神之弥漫，则善读者可觉而知也。"[1]《小史》虽"小"，然亦弥漫着作天民的大精神。此种精神，既来自《小史》所述之先哲遗说，亦来自《小史》之作者。值此人类文明贞下起元之际、世界斯文继往开来之时，善读《小史》者可觉而知也。觉而知，进而起而行之。真境界，非徒觉解之，亦需实践之。

刘梁剑

（华东师范大学中国现代思想文化研究所暨哲学系）

---

1 冯友兰：《中国哲学史》（下），《三松堂全集》第三卷，第3—4页。

编写说明

　　本书对于当下的读者而言，似乎是一部略显矛盾的书。相较于卷帙浩繁、引据翔实的哲学类通史，本书篇幅紧凑，义理精要，适合入门读者初窥中国哲学之堂奥。然而，它向我们提出的挑战正在于此。从文字上看，本书运笔凝练雅致，近乎文言，其中经典原文与作者的阐发错综交织。从结构上看，章节之间义理似断实连，一篇之中内容博而返约，运思气脉一以贯之又反复推衍，整体间架雄健宏阔而未亟言明。从思想上看，往圣原典本就深密繁复，作者本人则学殖深厚、博采中西，其作为哲学家著哲学史更是慧眼独具，洞见往往发覆前人。从时代上看，民国学人独具卓尔独立的热切与忧患，对中国乃至世界向何处去的沉思，是遭逢大变局前的先贤所不能梦见的；在伟大复兴之新时代际遇下重读此书，其中蕴藉的往来古今之"变"与"辨"又当百尺竿头，更进一步。有见于上述四重困难，注者不避愚妄，僭为本书稍加疏解，以冀能有幸为读者在对高山景行的追求中助跬步之益。

　　本书分四部分，即导读、正文、注解与附录。导读为刘梁剑教授所作，包括对本书成书背景与学术位置的考证，对全书高屋建瓴的综括概览，更重要的是其结合现代中国哲学的发展进程与问题意识，重新唤起我辈阅读此书的深层动力。在原书正文基础上，笔者增添的注解部分（以楷体标出），又分两种。其一为每章开篇一段，为读者提供问题线索，导览行文结构，简述主旨。其二为段落中随文附释部分，意在以平实的语言和浅白的论证，将原书中晦涩艰深处稍加疏通，希望在方便读者阅读的前提下，尽最大可能再现原有义理的深度。另有原文提及的西学思想，笔者亦略加补充，以便读者互鉴。附录五篇为冯友兰先生于不同时期所作的文章，包括对中国哲学的总结反省与对自身治学经验的归纳凝结，使读者整体把握其人其书的视角更为丰富。

本书的注解工作得到了阮思懿编辑的倾力支持，其校阅全稿并提供大量修改意见，尽心在学术性与通识性、思想性与可读性之间寻求最好的平衡。又有学术评阅人为曲解错谬处提出若干专业批评，在此致谢。第十章邵康节部分由友人中国人民大学博士生祁博贤代笔，一并致谢。注者自志于学，便窃读冯友兰先生之哲学史，蒙其恩惠难以言尽。有幸注解此书，更是诚惶诚恐。唯愿浅注前不愧于先生，后不负于读者。然自忖浅薄愚拙，讹误在所难免，注者敢请自负文责，恳请方家不吝指正。

杨超逸

华东师范大学哲学系博士生

目　录

引　言

　　"哲学"本一西洋名词。今讲中国哲学史,其主要工作之一,即是就中国历史上各种学问中,将其可以西洋所谓哲学名之者,选出而叙述之。中国历史上诸种学问,其中有西洋所谓哲学之成分者,有先秦诸子之学,魏晋之玄学,隋唐之佛学,宋明之道学,及清人之义理之学。

　　希腊哲学家往往分哲学为三大部:(一)物理;(二)伦理;(三)论理。其所谓物理、伦理、论理,其范围较现在此三名所指为广。以现在术语言之,哲学包涵三大部:即(一)形上学;(二)人生哲学;(三)方法论。《论语》谓"其言性与天道"。诸子之学等学问中,其言天道之部分,即约略相等于西洋哲学中之形上学,其言性命之部分,即约略相等于西洋哲学中之人生哲学。但西洋哲学中方法论之部分,在先秦诸子之学中,尚有与约略相当者;此后讲此方面者,在中国可谓绝无仅有。此后所谓道学及义理之学,固亦有其方法论,即所讲为学之方是也,不过其所讲之方法,乃修养之方法,非求知之方法耳。魏晋之玄学，即先秦诸子之学中道家之学之继续。隋唐之佛学，虽亦有甚大势力，然终非中国思想之主流。清代之义理之学，乃宋明道学之继续。故此小史所述，仅详于先秦诸子之学，及宋明之道学。

【解读】"哲学"虽然是西方名词，但它有形式与内容之分。中国历史上没有"哲学"这一专门的学科，但实质上有着深刻的哲学思考。彰显弘扬中国哲学的实质内容，反驳"中国没有哲学"的质疑，是冯友兰先生哲学史工作给我们的重要贡献。这本《小史》是冯先生哲学史的精华，需要我们一起仔细品味。

孔

子

【**导览**】中国哲学为什么会出现？周代的旧制度逐渐衰落，产生社会弊病。哲学家们对当时的社会政治制度，有着不同的态度与见解。思想要说服君主和百姓，就必须有理有据。从这里开始，中国思想走向了理论化、系统化。中国哲学也从这里登上历史舞台。

中国之文化，至周而具规模。但至春秋之时，原来之周制，在社会、政治、经济各方面，皆有根本的改变。此种种大改变发动于春秋，而完成于汉之中叶，此数百年为中国社会进化之一大过渡时期。此时期中人所遇环境之新，所受解放之大，除吾人现在所遇所受者外，在中国以往历史中，殆无可以比之者。即在世界以往历史中，除近代人所遇所受者外，亦殆无可以比之者。故中国之上古时期，诚历史中之一重要时期也。

在一社会之旧制度日即崩坏之过程中，自然有倾向于守旧之人，目睹"人心不古，世风日下"，遂起而为旧制度之拥护者，孔子（西历纪元前551年—前479年）即此等人也。不过在旧制度未摇动之时，只其为旧之一点，便足以起人尊敬之心。若其既已动摇，则拥护之者，欲得时君世主及一般人之信从，则必说出其所以拥护之之理由，与旧制度以理论上的根据。此种工作，孔子已发其端，后来儒家者流继之。儒家之贡献，即在于此。

然因大势之所趋，当时旧制度之日即崩坏，不因儒家之拥护而终止。继孔子而起之士，有批评或反对旧制度者，有欲修正旧制度者，有欲另立新制度以替代旧制度者，有反对一切制度者。此皆过渡时代旧制度失其权威，新制度尚未确定，人皆徘徊歧路之时，应有之事也。儒家既以理论拥护旧制度，故其余方面与儒家意见不合者，欲使时君世主及一般人信从其主张，亦须说出其所以有其主张之理由，与之以理论上的根据。荀子所谓十二子之言，皆"持之有故，言之成理"者也。人既有注重理论之习惯，于是所谓名家"坚白同异"等辩论之只有纯理论的兴趣者，亦继之而起。盖理论化之发端，亦即哲学化之开始也。孔子即此运动之开始者，故后人以之为"至圣先师"，虽不必对而亦非无由也。

孔子为当时旧制度之拥护者，故其对于当时政治之主张，以为苟欲"拨乱世而反之正"，则莫如使天子仍为天子，诸侯仍为诸侯，大夫仍为大夫，陪臣仍为陪臣，庶人仍为庶人。使实皆如其名，此即所谓正名主义也。孔子认此为极重要，故《论语》云："子路曰：'卫君待子而为政，子将奚先？'子曰：'必也正名乎！'"（《子路》）"齐景公问政于孔子，孔子对曰：'君君，臣臣，父父，子子。'公曰：'善哉！信如君不君，臣不臣，父不父，子不子，虽有粟，吾得而食诸？'"（《颜渊》）盖一名必有一名之定义，此定义所指，即此名所指之物之所以为此物者，亦即此物之要素或概念也。如"君"之名之定义之所指，即君之所以为君者。"君君，臣臣，父父，子子"，上"君"字乃指事实上之君，下"君"字乃指君之名，君之定义。臣、父、子均如此例。若使君臣父子皆如其定义，皆尽其道，则"天下有道"矣。孔子目睹当时之"君不君，臣不臣，父不父，子不子"，故感慨系之，而借题发挥曰："觚不觚，觚哉！觚哉！"（《论语·雍也》）孔子以为当时因名不正而乱，故欲以正名救时之弊也。

【解读】孔子作为中国哲学的开创者，他的政治立场在于拥护周代制度，也就是礼乐宗法关系。礼乐宗法关系中，最为重要的就是"名分"。如果周王室的礼乐秩序能够重建，那么诸侯之间的利益关系就能够稳定，一般家庭也能够受此教化。由此，周代制度才能够恢复，进而化解诸侯国纷争、社会道德败坏的时弊。

孔子对于当时政治之见解为守旧的，但在道德哲学方面，则有甚新的见解，自成一系，为后来儒家学说之基础。此方面孔子之主要学说，为其对于仁之见解。《论语》中言仁处甚多。总而言之，仁者，即人之性情之真的及合礼的流露，而即本同情心以推己及人者也。《论语》云："巧言令色，鲜矣仁。"（《学而》）又云："刚毅木讷近仁。"（《子路》）巧言令色矫饰以媚悦人，非性情之真的流露，故"鲜矣仁"；"刚毅木讷"之人，质朴有真性情，故"近仁"也。《论语》又云："樊迟问仁。子曰：'爱人。'"（《颜渊》）仁以同情心为本，故爱人为仁也。《论语》又云："宪问：'……克、伐、怨、欲，不行焉，可以为仁矣？'子曰：'可以为难矣，仁则吾不知也。'"（《宪问》）焦循曰："孟子称公刘好货，太王好色，与百姓同之，使有积仓而无怨旷。孟子之学，全得诸孔子。此即己达达人，己立立人之义。必屏妃妾，减服食，而于百姓之饥寒忧离，漠不关心，则坚瓠也。故克伐怨欲不行，苦心絜身之士，孔子所不取，不如因己之欲，推以知人之欲。即己之不欲，推以知人之不欲。絜矩取譬不难，而仁已至矣。绝己之欲则不能通天下之志，非所以为仁也。"（《论语补疏》）

【解读】孔子并非简单固执于周制，而是要为它寻找人性深处的理由，由此提出了仁的学说。但"仁"到底是什么意思呢？冯友兰做了三个层面的解释。首先，它是人的天然本性中最为核心、最为真实的一部分。其次，它的表达需要受到礼法的制约。最后，它的具体内容是立足于人们的同情心之上，通过同情心来将自己的知觉痛痒推广到他人身上，从而感受他人的感受，在意并尊重他人的感受。清代思想家焦循（1763—1820）敏锐地看到，孔孟的"仁"说到底还是一般人的情感欲望，只不过它要服从规矩约束罢了。后来的道德先生们过分推崇理性、压倒感性，这恰好违背了孔孟的本意。一个人如果不懂得爱恨情仇，没有尝过酸甜苦辣，怎么可能做到"推己及人"呢？

孔子又云："民之过也，各于其党，观过斯知仁矣。"（《论语·里仁》）人之性情之真的流露或有所偏而为过，然要之为性情之真的流露，故"观过斯知仁矣"。《论语》又云："颜渊问仁。子曰：'克己复礼为仁。一日克己复礼，天下归仁焉。为仁由己，而由人乎哉？'颜渊曰：'请问其目。'子曰：'非礼勿视，非礼勿听，非礼勿言，非礼勿动。'"（《颜渊》）仁为人之性情之真的，而又须为合礼的流露也。

《论语》又云："仲弓问仁。子曰：'出门如见大宾，使民如承大祭。己所不欲，勿施于人，在邦无怨，在家无怨。'仲弓曰：'雍虽不敏，请事斯语矣。'"（《颜渊》）又云："子贡曰：'如有博施于民，而能济众，何如？可谓仁乎？'子曰：'何事于仁？必也圣乎！尧舜其犹病诸！夫仁者，己欲立而立人，己欲达而达人，能近取譬，可为仁之方也矣。'"（《雍也》）"为仁之方"在于"能近取譬"，即谓为仁之方法在于推己以及人也，"因己之欲，推以知人之欲"，即"己欲立而立人，己欲达而达人"，即所谓"忠"也，即"己之不欲，推以知人之不欲"，即"己所不欲，勿施于人"，即所谓"恕"也。实行忠恕即实行仁。《论语》云："子曰：'参乎，吾道一以贯之。'曾子曰：'唯！'子出，门人问曰：'何谓也？'曾子曰：'夫子之道，忠恕而已矣。'"（《里仁》）孔子一贯之道为忠恕，亦即谓孔子一贯之道为仁也。为仁之方法如此简易。故孔子曰："仁远乎哉？吾欲仁斯仁至矣。"

宋明哲学家陆王一派，假定人本有完全的良知，假定"满街都是圣人"，故以为人只须顺其良知而行，即万不致误。孔子初无此意，人之性情之真的流露，本不必即可顺之而行而无不通。故孔子注重"克己复礼为仁"。然礼犹为外部之规范，除此外部之规范外，吾人内部尚自有可为行为之标准者。若"能近取譬"，推己及人，则吾人之性情之流露，自合乎适当的分际。故仁为孔子"一贯"之道，中心之学说。故《论语》中亦常以仁为人之全德之代名词。曰："求仁而得仁，又何怨？"（《论语·述而》）曰："若圣与仁，则吾岂敢？"（同上）曰："有杀身以成仁。无求生以害仁。"（《论语·卫灵公》）此所谓仁皆指人之全德而言也。

【解读】真情流露并不都是"仁"，因为它有着过度的危险。所以需要"礼"来作为规范，制约并引导人性的表达。"推己及人"有着"忠"和"恕"两个方面。这是我们实行"仁"的具体方法。"忠"是正面的要求，我们不仅仅要在乎自己的成就，还需要在成就自己的同时也成就他人。"恕"是反面的要求，我们不能将自己所不喜欢的东西强行施加到他人身上。陆象山、王阳明假定人们天生就有着完美的道德知识，但忽视了人们需要修养的过程。在孔子看来，每个人都有着实现"仁"的潜力，与此同时所有人都需要为此付出修养的努力。在我们修养不足时，礼乐的规范和忠恕的要求，外在的表现为强加给我们的教条。但在不断努力学习之后，我们会逐渐得心应手，相应地我们的人格和境界也会随之提升。

惟仁亦为全德之名，故孔子常以之统摄诸德。宰予以三年之丧为期已久，孔子谓为不仁，是仁可包孝也。以后孟子言"未有仁而遗其亲者"，《中庸》言"所求乎子以事父"，皆谓仁人或行忠恕之人自然孝也。孔子以"微子去之，箕子为之奴，比干谏而死"，为"殷有三仁"。是仁可包忠也。以后孟子言"未有义而后其君者"，《中庸》言"所求乎臣以事君"，皆谓仁人或行忠恕之人自然忠也。孔子谓令尹子文及陈文子："未知，焉得仁？"（《论语·公冶长》）是仁可包智也。"仁者必有勇"，（《宪问》）是仁可包勇也。

观上所述，可知孔子亦注重人之性情之自由。人之性情之真的流露，只须其合礼，即是至好，吾人亦即可顺之而行矣。《论语》曰："子绝四：毋意，毋必，毋固，毋我。"（《子罕》）

又曰："子曰：'可与共学，未可与适道。可与适道，未可与立。可与立，未可与权。'"（同上）"我则异于是，无可无不可。"（《微子》）

盖依上所述，吾人行为之标准，至少一部分是在内的而非在外的，是活的而非死的，是可变的而非固定的。故吾人之行为，可因时因地，随吾人性情之所之，而有相当的不同。此所谓"毋意，毋必，毋固，毋我"也。此所谓"我则异于是，无可无不可"也。若对于一切，皆执一定之规则，则即所谓"可与立，未可与权"者也。

人之性情之真的流露，只须其合礼，即是至好。至其发于行为，果为有利于社会或个人与否，不必问也。事实上凡人性情之真的及合礼的流露之发于行为者，对于社会多有利，或至少亦无害，但孔子则不十分注意于此。如三年之丧之制，本可以曾子所谓"慎终追远，民德归厚"（《论语·述而》）之说，与以理论的根据；但孔子则只谓不行三年之丧，则吾心不安，行之则吾心安（《论语·阳货》）。此制虽亦有使"民德归厚"之有利的结果，但孔子不以之作三年之丧之制之理论的根据也。孔子不注重行为之结果，其一生行事，亦是如此。子路为孔子辩护云："君子之仕也，行其义也，道之不行，已知之矣。"（《论语·微子》）"道之不行，已知之矣"，而犹席不暇暖，以求行道，所以石门晨门谓孔子为"知其不可而为之者"也。（《论语·宪问》）董仲舒谓："正其谊不谋其利，明其道不计其功。""君子之仕也，行其义也"，即"正其谊""明其道"也。至于道之果行与否，其结果之"利"也，"功"也，不必"谋"，不必"计"矣。《论语》云："子罕言利。"（《子罕》）孔子云："君子喻于义，小人喻于利。"（《论语·里仁》）此孔子及孟子一贯之主张，亦即其与墨家根本不同处也。

观上所述，又可知孔子之哲学，极注重人之心理方面，故后来儒家皆注重心理学。孔子云："性相近也，习相远也。"（《论语·阳货》）对于性虽未有明确的学说，然以注重心理学之故，性善性恶，遂成为后来儒家之大问题矣。

【解读】如果"仁"有任何限制的话，那么仅仅在于它要求我们遵循礼制。除此之外，我们要发挥自己全部的聪明才智与自由精神，来勇敢地面对生活中的各种处境。也正因如此，孔子只关心人们是否活得心安，并不计较利害得失。举例来说，关于服丧三年的制度，曾子认为它有利于百姓归于淳朴，孔子却不在乎这个有利的后果。孔子唯一关心的，就是它能否帮助人们心安理得。不重视功利后果，使得孔子终其一生不能将他理想的政治转化为现实。但这正是儒家的一贯主张，也是儒家与墨家的根本区别，更是孔子一生的真实写照。

墨子

二
〇

【导览】本章核心线索为"儒墨之争"。儒家执守礼乐理想，无论是尊卑秩序还是人心中的"仁"，都绝非利害可以衡量。墨子则激进地反对旧制，他最锋利的理论武器为"功利原则"，由此倡导兼爱尚同的理想，并构建朴素的人性论与集权统一的政治蓝图。

墨子（西历纪元前479年？—前381年？）在孔子后，其学为继承孔子之儒家之反对派。墨子书中反对儒家之处甚多，盖墨家哲学与儒家哲学之根本观念不同。儒家"正其谊不谋其利；明其道不计其功"。而墨家则专注重"利"，专注重"功"。试就孔子个人及墨子个人之行为考之，"孔席不暇暖，墨突不暇黔"，二人皆栖栖皇皇以救世之弊。然二人对于其自己行为之解释，则绝不相同。子路为孔子解释云："君子之仕也，行其义也；道之不行，已知之矣。"（《论语·微子》）此谓孔子之所以欲干预政治，乃以"应该"如此。至于如此之必无结果，"道之不行"

则"已知之矣"。但墨子对于其自己之行为之意见则不然。《贵义篇》云:"子墨子自鲁即齐,过故人,谓子墨子曰:'今天下莫为义,子独自苦而为义,子不若已。'子墨子曰:'今有人于此,有子十人,一人耕而九人处,则耕者不可以不益急矣。何故?则食者众而耕者寡也。今天下莫为义,则子如劝我者也。何故止我?'"此谓为义者虽少,然有一二人为之,其"功"犹胜于无人为之,其结果终是天下之"利"也。孔子乃无所为而为,墨子则有所为而为。

【解读】在《贵义篇》中墨子提到如果十个人一起种地,其中九个人都袖手旁观,那么剩下的一个人肯定要更为急迫地耕种,大家才能免于挨饿。就算只有自己在传播正义的思想,那也是在为天下做贡献,能够产生实质的利益。然而不同于墨子的现实原则,孔子行动不在乎是否产生利益,只考虑应不应该。二人虽同样疲于政事,但行事准则却完全不同。

"功""利"乃墨家哲学之根本意思。《墨子·非命上》云:"子墨子言曰:'必立仪。言而毋仪,譬犹运钧之上而立朝夕者也;是非利害之辨,不可得而明知也。故言必有三表。'何谓三表?子墨子言曰:'有本之者,有原之者,有用之者。于何本之?上本之于古者圣王之事。于何原之?下原察百姓耳目之实。于何用之?发以为刑政,观其中国家百姓人民之利。此所谓言有三表也。'"此三表中，最重要者乃其第三；"国家百姓人民之利"，乃墨子估定一切价值之标准。凡事物必中国家百姓人民之利，方有价值。国家百姓人民之利，即是人民之"富"与"庶"。凡能使人民富庶之事物，皆为有用，否者皆为无益或有害；一切价值，皆依此估定。

【解读】墨子判定言论是非、利害关系的标准有三条，即"三表"：要以古代圣王的治理经验为本，以百姓的日常生活为原，以具体政策的运用能否为人民带来实际好处为用。最后一条为判定一切价值的根本标准。

人民之富庶，即为国家百姓人民之大利。故凡对之无直接用处或对之有害者，皆当废弃。所以吾人应尚节俭，反对奢侈。故墨子主张节用，节葬，短丧，非乐。

一切奢侈文饰，固皆不中国家人民之利，然犹非其大害。国家人民之大害，在于国家人民之互相争斗，无有宁息；而其所以互相争斗之原因，则起于人之不相爱。故墨子以兼爱之说救之。以为兼爱之道不惟于他人有利，且于行兼爱之道者亦有利；不惟"利他"，亦且"利自"。《墨子》之《兼爱篇》纯就功利方面证兼爱之必要。此墨家兼爱之说所以与儒家之主张仁不同也。

【解读】墨子认为一切奢侈文饰都不能产生任何实际的利益，这就从根本上瓦解了礼乐制度的合理基础。但失去礼乐维系的秩序后，如何保证人们不会在各自逐利中彼此残害呢？墨子主张从根本上铲除斗争的苗头，提出了人们不分亲疏远近，平等相爱的"兼爱"之道。

天下之大利，在于人之兼爱；天下之大害，在于人之互争；故吾人应非攻。墨子非攻；孟子亦曰："善战者服上刑。"但墨子之非攻，因其不利。孟子之反对战争，则因其不义。观孟子与宋牼辩论之言可见矣（《孟子·告子下》）。宋牼欲见秦楚之王，说构兵之"不利"，而使之"罢之"。孟子则主张以仁义说秦楚之王。宋牼不必即一墨者，但此点实亦孟子与墨子所以不同也。

【解读】孟子同样反战，认为好战的人应该受最重的刑罚。但是他在和宋牼的辩论中提出，如果君臣、父子、兄弟之间都完全去掉仁义，怀抱着利的观念来互相对待，国家也终将灭亡。国家只能通过主张仁义的德政而获得统一。

墨子虽以为兼爱之道乃惟一救世之法，而却未以为人本能相爱。墨子以人性为素丝，其善恶全在"所染"。（《墨子·所染》）吾人固应以兼爱之道染人，使交相利而不交相害；然普通人民，所见甚近，不易使其皆有见于兼爱之利，"交别"之害。故墨子注重种种制裁，以使人交相爱。墨子书中有《天志》《明鬼》《非命》诸篇。以为有上帝鬼神之存在，赏兼爱者而罚"交别"者。上帝神鬼及国家之赏罚，乃人之行为所自招，非命定也。若以此为命定，则诸种赏罚，皆失其效力矣。故墨子"非命"。

【解读】本段阐述墨子之人性论与鬼神观。"交别"，即"别相恶，交相贼"，与"兼相爱，交相利"的兼爱相对立。人们如何能够做到兼爱而免于"交别"？墨子重视现实状态，认为人的本性是先天空白的，通过后天教育，人性才被塑造而成。一般群众如何接受教育？墨子通过上帝、鬼神与国家的赏罚，来劝诫制裁一般群众。但他们不会无缘无故地被制裁；只有人们做了错事，才会招致相应的惩罚。所以墨子反对宿命论，要求人们主动承担自己行动的后果。然而，正是由于墨子对人性的过度简化，只立足于被动的观点考察人性，使他将教育的震慑作用和国家权力过度放大，从而引发下文荀子的批评。

墨子之政治哲学，见于墨子书中《尚同》诸篇。在西洋近代哲学史中，霍布斯（Thomas Hobbes）以为人之初生，无有国家，在所谓"天然状态"之中；于其时人人皆是一切人之仇敌，互相争夺，终日战争。人不满意于此状态，故不得已而设一绝对的统治者而相约服从之。国家之起源如此，故其威权，应须绝大；不然则国家解体而人复返于"天然状态"中矣。国家威权之绝对，有如上帝，不过上帝永存，而国家有死而已。（*Leviathan*, Pt. Ⅱ, chap. 17）墨子之政治哲学，正与霍布斯所说极相似。

在未有国家刑政之时，既因是非标准之无定而大乱；故国家既立之后，天子之号令，即应为绝对的是非标准。天子上同于天；国君上同于天子；家长上同于国君；个人上同于家长。在下者皆须同于上，而在上者又惟以兼相爱交相利为令，如此则天下之人，必皆兼相爱，交相利矣。荀子云："墨子有见于齐，无见于畸。"（《天论篇》）其所以"无见于畸"，止因其太"有见于齐"也。所尤可注意者，墨子虽谓人皆须从天志，然依"尚同"之等级，则惟天子可上同于天。天子代天发号施令，人民只可服从天子。故依墨子之意，不但除政治的制裁外无有社会的制裁，即宗教的制裁亦必为政治的制裁之附庸。此意亦复与霍布斯之说相合。霍布斯亦以为教会不能立于国家之外而有独立的主权；否则国家分裂，国即不存。他又以为若人民只奉个人的信仰而不服从法律，则国亦必亡。（*Leviathan*，Pt. Ⅱ，chap. 29）依墨子天子上同于天之说，则上帝及主权者之意志，相合为一，无复冲突；盖其所说之天子，已君主而兼教皇矣。

【解读】荀子批评墨子片面认识齐同平等，忽视了差别特殊。对于国家治理，墨子提出"尚同"，即崇尚统一。为避免天下陷于大乱，人们需要建立国家的绝对权威，其中下级无条件服从上级，只有这样才能够实现兼爱的理想。墨子要求唯有天子才能与上天等同，他具备行使惩罚的绝对权力，否则国家将会陷入冲突之中。这与霍布斯的《利维坦》不谋而合。

孟子

【导览】孟子志在复兴儒家，便需要改造儒家思想，从而回应墨家的攻讦。改造面对的问题包括：政治究竟是为了谁的利益？统治者最核心的德性是什么？为什么要坚持人性本善？理想人格的内涵是什么，又该如何培养？孟子对儒家的改造，汲取了墨家思想中的平民诉求与普遍化品格，又有力地回应了墨家"功利原则"对社会与人性过于简化的理解，将儒家思想推至新的高峰。

孔子开以讲学为职业之风气，其弟子及以后儒者，多以讲学为职业，所谓"大者为师傅卿相，小者友教士大夫"也。然能"以学显于当世"者，则推孟子（西历纪元前371年？—前289年？）、荀卿。二人实孔子后儒家二大师也。孔子在中国历史中之地位，如苏格拉底之在西洋历史。孟子在中国历史中之地位，如柏拉图之在西洋历史，其气象之高明亢爽亦似之。荀子在中国历史之地位，如亚里士多德之在西洋历史，其气象之笃实沉博亦似之。

【**解读**】孔子作为民间讲学的开创者，类似于苏格拉底；孟子直探本心，彰显人性中天然的善，这种崇高而直接的思考方式与柏拉图探寻理念世界的至高真理，追求最高的善相类似；荀子强调对具体事物、具体制度的研究，重视对人性的治理教化，这种扎实而深沉的思考方式与亚里士多德追求对具体事物的研究，力求建立秩序井然、依次上升的宇宙论相似。

就一面言，孟子对于周制仍持拥护态度；自又一方面言之，则孟子自有其新的政治哲学。孟子之理想的政治制度中仍有天子诸侯等阶级，但以为政治上之高位，必以有德者居之。其理想的政治制度，为以有圣人之德者居天子之位。此圣人既老，则在其死以前预选一年较少之圣人，先使为相以试之。及其成效卓著，则荐之于天，以为其自己之替代者。及老圣人既死，此少圣人即代之而为天子。然天之意不可知，可知者民意而已。民果归之，即天以天下与之，故荐之于天，即荐之于民也。"匹夫有天下，德必若舜禹，而又有天子荐之者。"（《孟子·万章上》）盖无天子荐之，则不能先为相以自试，不能施泽于民，民不归之也。此理想与柏拉图《共和国》之主张极相似。

【解读】在孟子理想的政治制度中，具有圣人的品德是成为天子的前提条件。天子之位的传承也不是依靠血缘，而是依据德性。成为天子继任者有三重条件：有圣人之德，在天子的推荐下为相，获得民心。此三者环环相扣，缺一不可。

孟子之理想的经济制度即所讲井田制度是也。其所讲井田制度，即就原有之井田制度，转移观点，将其变为含有社会主义性质的经济制度也。所谓转移观点者，盖古代土地为国君及贵族所私有，农民受土地于贵族，为之做"助耕之氓"，为之做农奴。故原有之井田制度，乃为贵族之利益。依孟子之理想，乃土地为国家所公有，人民受土地于国家而自由耕种之。其每井中公田之出产，虽仍可为国君、卿大夫之禄，"以代其耕"，但农民之助耕公田，乃如纳税于国家之性质，非如农奴为地主服役之性质。此理想中之制度，乃使民"养生送死无憾"，乃为人民之利益。故谓孟子所说之井田制度，即古代所实行者，非也。谓孟子所说之井田制度，纯乎为理想，为创造，亦非也。二者均有焉。

【解读】孟子的井田制度，既不是简单重复旧制，也不是凭空创造，而是立足在以民为本、天下公有的基础之上，对旧制度的理想化改造。

以上所述之各种理想的制度，即孟子所谓王道、王政或仁政也。仁政何以必须行，仁政何以能行？孟子曰："人皆有不忍人之心，先王有不忍人之心，斯有不忍人之政矣。"（《公孙丑上》）"不忍人之政"，即仁政也。"人皆有不忍人之心"，不忍见人之困苦，此即仁政之所以必须行也。人既皆有此心为仁政之根据，此即仁政之所以能行也。孟子因齐宣王不忍一牛之"觳觫而就死地"，断其必能行王政。曰："老吾老以及人之老，幼吾幼以及人之幼，天下可运于掌。《诗》云：'刑于寡妻，至于兄弟，以御于家邦。'言举斯心加诸彼而已。故推恩，足以保四海；不推恩，无以保妻子。古之人所以大过人者无他焉，善推其所为而已矣。"（《孟子·梁惠王上》）齐宣王谓己好货好色，不能行王政。孟子言，"王如好货"，"王如好色"，"与百姓同之，于王何有"？（《梁惠王下》）因己之好货好色，即推而与百姓同之，即"举斯心加诸彼"也。若实现此心于政事，则其政事即仁政矣。"善推其所为"，即仁也，即忠恕也。孔子讲仁及忠恕，多限于个人之修养方面。孟子则应用之于政治及社会哲学。孔子讲仁及忠恕，只及于"内圣"；孟子则更及于"外王"。

【解读】心中有"仁"是施行孟子提出的理想制度的根据。孟子将"仁"从个人修养转变为施政的根据。这就从"内圣"之学转进到了"外王"之学。心中有"仁"，在生活细节中的表现，就是不忍见人陷于困苦，具有同理心，能推己及人。说到同理心，孟子见齐宣王因不忍看到牛被屠杀前哆嗦可怜的样子而断定他必能行王政。说到推己及人，孟子指出《诗经》有云，要先给妻子做榜样，再推广到兄弟，进而推广到封地和国家。只要这样由近及远地把恩惠推广开去，便足以安定天下；不这样，甚至连自己的妻子都保护不了。古代的圣贤之所以能超越于一般人，就是因为他们善于推行自己的好行为。而当齐宣王认为自己爱财好色、不能行仁政时，孟子从反面指出爱财好色这一点正是君主与百姓相同之处，只要执政者能够将这种同情心、同理心推广出去，运用到对百姓的关怀与治理上，那么仁政自然能够施行。

"人皆有不忍人之心"，即所谓人性皆善也。陈澧曰："孟子所谓性善者，谓人人之性皆有善也，非谓人人之性，皆纯乎善也。"（《东塾读书记》卷三）孟子所谓性善，只谓人皆有仁、义、礼、智之四"端"，此四"端"若能扩而充之，则为圣人。人之不善，皆不能即此四"端"扩而充之，非其性本与善人殊也。故曰："若夫为不善，非才之罪也。"（《告子上》）

【解读】孟子强调所有的人性都蕴含着善，但并不意味着人性中全部都是纯粹完美的善。天生的善是微弱的，仅仅是萌芽（也就是"端"）状态。人们需要通过修养，来让善的萌芽不断充实成长。如果能够将其充实到极致，那么人们就可以成为圣人。

人何以必须扩充此善端？此亦一问题也。若依功利主义说，则人之扩充善端于社会有利，否则有害，此即墨子主张兼爱之理由也。惟依孟子之意：则人之必须扩充此善端者，因此乃人之所以为人也。孟子曰："人之所以为人者几希，庶民去之，君子存之。"（《离娄下》）人之所以为人，即人之要素，人之名之定义，亦即人之所以别于禽兽者也。人之所以为人者，即人之有人心。《孟子》云："从其大体为大人，从其小体为小人。……耳目之官，不思而蔽于物，物交物则引之而已矣。心之官则思，思则得之，不思则不得也。此天之所与我者，先立乎其大者，则其小者不能夺也。此为大人而已矣。"（《告子上》）亚里士多德《伦理学》谓饮食及情欲乃人与禽兽所共有，人之所以别于禽兽者，惟在其有理性耳。"心之官则思"，能思即有理性也。能思之心为人所特有，乃"天之所以与我"者，所以为大体也。耳目之官，乃人与禽兽所同有，所以为小体也。若只"从其小体"，则不惟为小人，且为禽兽矣。"耳目之官，不思而蔽于物，物交物则引之而已"。若听其自然，则能"陷溺其心"（《告子上》），人之所以有不善者，即以此也。能思之心，所好者为礼义。故人必有礼义，乃为"从其大体"。从其大体，乃得保人之所以为人，乃合乎人之定义。否则人即失其所以为人，而与禽兽同。"人见其禽兽也，而以为未尝有才焉者，是岂人之情也哉？"（《告子上》）

【**解读**】孟子从人禽之辨的角度探讨人心的独特性。人如果"从其小体",即只遵循耳、目等器官带来的感性欲望、自然能力,那人只能称得上与禽兽相似。但如果人能够"从其大体",即让人心中的理性与善良作为思想与行动的主宰,不让它沉溺在自然欲望之中,那么人才能够彻底与禽兽区分开来。

人性中皆有善端,如扩而充之,则人人皆可以为圣人,此人所皆可以自期许者也。至于人生中他方面之成败利钝,则不能计,亦不必计。孟子曰:"若夫成功则天也,君如彼何哉,强为善而已矣。"(《梁惠王下》)又曰:"哭死而哀,非为生者也。经德不回,非以干禄也。言语必信,非以正行也。君子行法以俟命而已矣。"(《尽心下》)此所谓天,所谓命,皆指人力所无奈何之事,所谓"莫之为而为者天也,莫之致而致者命也"。

【**解读**】人们的道德修养有时无法换来现实生活中相匹配的成就,孟子认为这是无可奈何的事情,也就是"命"。为死者哀伤哭泣,不是做给生者看的。依据道德行事而不违礼,不是为了当官发财。言而有信不是为了让人知道自己是君子。君子依法而行是应该如此,结果就交给命运。既然功利的结果不可强求,那么孟子认为,君子能做的就是"强为善"。

于此亦可知孟子所以反对利之故矣。孟子以为人皆有恻隐、羞恶、辞让、是非之四端。扩而充之，则为仁、义、礼、智之四德。四德为人性发展之自然结果，而人之所以须发展人性，因必如此方为尽"人之所以为人者"，非因四德为有利而始行之也。四德之行，当然可生于社会有利之结果，此结果虽极可贵，然亦系附带结果。犹之艺术家之作品，固可使人愉悦，然此乃附带的结果，彼艺术家之创作，则所以表现其理想与情感，非为求人悦乐愉快也。

不过孟子虽主张义，反对利，然对于义利之辨，未有详细说明，故颇受后人之驳诘。惟孟子与墨者夷之辩薄葬之说，颇可显其非功利主义之态度。彼云："盖上世尝有不葬其亲者，其亲死则举而委之于壑。他日过之，狐狸食之，蝇蚋姑嘬之，其颡有泚，睨而不视。夫泚也，非为人泚，中心达于面目。盖归反蘽梩而掩之，掩之诚是也，则孝子仁人之掩其亲，亦必有道矣。"（《滕文公上》）又曰："古者棺椁无度。中古棺七寸，椁称之。自天子达于庶人。非直为观美也，然后尽于人心。"（《公孙丑下》）墨家之攻击儒家厚葬久丧，主节葬短丧，纯从功利主义立论。而孟子则不纯从功利主义立论。厚葬久丧，对社会固亦有利。"慎终追远，民德归厚矣。"（《论语·学而》）此从功利主义立论以主张厚葬久丧者也。然孟子则但谓厚葬为"尽于人心"，此儒家之精神也。

【解读】"义利之辨"是孟子思想的核心论题。以丧葬制度为例，墨家攻击儒家的厚葬铺张浪费，从功利的视角来看无利于社会。理论上有两种不同的辩护方法。我们既可以说，厚葬也有厚葬的好处，它可以使民风敦厚淳朴——这是曾子的主张；也可以说，厚葬本身的意义是超乎于利害计较之外的——这是孟子的主张。上古曾有不葬父母之人，之后看到狐狸、苍蝇、蚊子之类的牲畜啃噬父母躯体时，他也会悔恨到汗流浃背而不敢正视。这一种流汗，不是流给别人看的，实是由于衷心的悔恨。厚葬是为了维护人的尊严，使得人的文化生活能够区别于动物的自然状态，孟子认为只有这样才能满足人们心中理性、价值与情感的需要，而这超乎简单的利害计较之外。

孟子之所谓天，有时似指主宰之天，如"尧荐舜于天"之天。有时似指运命之天，如上所说者。有时则指义理之天。孟子因人皆有仁、义、礼、智之"四端"而言性善。人之所以有此"四端"，性之所以善，正因性乃"天之所与我者"，人之所得于天者。此性善说之形上学的根据也。孟子云："尽其心者，知其性也。知其性则知天矣。存其心，养其性，所以事天也。夭寿不贰，修身以俟之，所以立命也。"（《尽心上》）心为人之"大体"，故"尽其心者"，"知其性"。此乃"天之所与我者"，故"尽其心""知其性"，亦"知天"矣。孟子又云："夫君子所过者化，所存者神，上下与天地同流，岂曰小补之哉？"（《尽心上》）又云："万物皆备于我矣，反身而诚，乐莫大焉。强恕而行，求仁莫近焉。"（《尽心上》）"万物皆备于我"，"上下与天地同流"等语，颇有神秘主义之倾向。其本意如何，孟子所言简略，不能详也。

【解读】孟子的性善说，不仅是对于人心的理解，还需要在根本意义上为人性之善找到根据。人性之善并不是局限在人类生活内部，还有人与世界、人与天之间的关联。孟子所讲的天，有时指的是上帝式的主宰，有时指的是人力无可违背的命运，也有时指的是人性之善的来源。人性的善在根本意义上，与世界运行的本性是相一致的。人所具备的德性，也就是世界运行的本性在人身上的体现，在这个意义上人性内部就蕴含着天下万物。人可以通过修养自己的德性，来辅助天地运行，赞扬彰显世界本身蕴含的生养造化万物的德性。

（注）神秘主义一名，有种种不同的意义。此所谓神秘主义，乃专指一种哲学，承认有所谓"万物一体"之境界。在此境界中，个人与"全"（宇宙之全）合而为一，所谓人我内外之分，俱已不存。普通多谓此神秘主义必与唯心论的宇宙论相关联。宇宙必为唯心论的，宇宙之全体，与个人之心灵，有内部的关系；个人之精神，与宇宙之大精神，本为一体，特以有后起的隔阂，以致人与宇宙，似乎分离。佛家所说之无明，宋儒所说之

私欲，皆指此后起的隔阂也。若去此隔阂，则个人与宇宙复合而为一，佛教所说之证真如，宋儒所说"人欲尽处，天理流行"，皆指此境界也。不过此神秘主义，亦不必与唯心论的宇宙论相连。如庄子之哲学，其宇宙论非必为唯心论的，然亦注重神秘主义也。中国哲学中，孟子派之儒家，及庄子派之道家，皆以神秘境界为最高境界，以神秘经验为个人修养之最高成就。但两家之所用以达此最高境界、最高目的之方法不同。道家所用之方法，乃以纯粹经验忘我；儒家所用之方法，乃以"爱之事业"（叔本华所用名词）去私。无我无私，而个人乃与宇宙合一。如孟子哲学果有神秘主义在内，则万物皆备于我，即我与万物本为一体也。我与万物本为一体，而乃以有隔阂之故，我与万物，似乎分离，此即不"诚"。若"反身而诚"，回复与万物为一体之境界，则"乐莫大焉"。如欲回复与万物为一体之境界，则用"爱之事业"之方法。所谓"强恕而行，求仁莫近焉"。以恕求仁，以仁求诚。盖恕与仁皆注重在取消人我之界限；人我之界限消，则我与万物为一体矣。此解释果合孟子之本意否不可知，要之宋儒之哲学，则皆推衍此意也。

【解读】这里神秘主义的核心内涵，在于世界整体与个人之间不存在内外分割。对于唯心主义者而言，宇宙和心灵本来是连通的，但是人们后来因为各种各样的方式，隔断了心灵与宇宙之间的原初关联。当然，世界整体和个人可以用许多方式相互贯通，不一定仅仅采取唯心论的方式。冯友兰认为，儒家和道家都以神秘主义为个人修养的最高境界，但是这两家有着不同的方法。道家的方式，是摆脱个体的经验，达到思想的纯粹状态。儒家的方法，是注重推行仁爱，防止人们因为一己私欲就将自己与他人、与万物、与世界分割开来。对孟子来说，如果人们处在与外物的分裂中，就无法获得真正的真诚与最高的快乐。但万物一体的真诚与快乐并不是与生俱来、不费力气就有的。在推行仁爱的过程中，人与人之间因为私欲而产生的隔阂便被逐渐克服，通过这一番努力，才能实现人与天地万物重新合一的理想状态。

如孟子哲学中果有神秘主义，则孟子所谓浩然之气，即个人在最高境界中之精神状态。故曰："其为气也，至大至刚；以直养而无害，则塞于天地之间。"（《公孙丑上》）至于养此气之方法，孟子云："其为气也，配义与道，无是馁也；是集义所生者，非义袭而取之也。行有不慊于心，则馁矣。我故曰：'告子未尝知义，以其外之也。'必有事焉。而勿正，心勿忘，勿助长也……"（《孟子·公孙丑上》）

【解读】与神秘主义的诉求相匹配，孟子有更为完备的修养功夫来实现人与万物融为一体的理想。孟子的浩然之气，指的是最高境界的精神状态。那么培养浩然之气的方法，就是相应的修养功夫。具体内容在于，找到社会的道义在人心内部的根据，将承担道义的职责视为人心内部的要求，人在社会、历史中所有的行动都是符合道义的规范，都是对于自身德性的涵养。在这种修养功夫的引导下，人的具体生命才会不断充实，人心中的道义与社会、历史的道义相融合，人的现实处境随着我们思想与行动的努力而不断改善，从而养成充盈天地、至大至刚的浩然之气。

此所谓义，大概包括吾人性中所有善"端"。是在内本有，故曰："告子未尝知义，以其外之也。"此诸善"端"皆倾向于取消人我界限。即将此逐渐推广，亦勿急躁求速，亦勿停止不进（"而勿正"，焦循《孟子正义》引《〈诗·终风序〉笺》及《庄子·应帝王篇》释文谓"正之义通于止"）。"集义"既久，则行无"不慊于心"，而"塞乎天地之间"之精神状态，可得到矣。至此境界，则"居天下之广居，立天下之正位，行天下之大道。得志与民由之，不得志独行其道。富贵不能淫，贫贱不能移，威武不能屈。此之谓大丈夫"。（《滕文公下》）

【解读】道义中也包含了人性之善的萌芽状态。对义的推广需要不断地完善，不能中止放弃。最终达到挺立于天地之间的"大丈夫"的境界。上述四段借助神秘主义展开，可以视作孟子在对抗功利主义的过程中，不断完善儒家的理想主义的理论。在"我"与万物相为一体的神秘主义中，孟子既在根本层面、形而上学维度为人性寻找了与世界运行相一致的根据（第一段），又强调了实现这种万物一体境界需要人们的修养实践努力（第二段），而第三段指明了修养实践在个体生命中的具体方法，第四段则彰显出达成至高境界后人们的风光与气象。四段论证逐渐递进，层次严谨有序，内容迭为丰厚。

四
。
———

老子

【**导览**】儒墨两家虽然对礼乐制度的态度截然对立，但二者都主张积极地参与到政治改革与德性修养之中。以老庄为代表的道家则采取了消极的态度，成为独树一帜的思想传统。应当如何理解此处的"消极"？《老子》采取消极态度的理论基础是什么？它又如何将其贯彻到对于培养理想人格与建立理想政治的思考之中呢？

孔子之时，据《论语》所载，有"隐者"之徒，对于孔子之行为常有讥评。孟子之时，有杨朱之徒，持"全生保真"之学说。此即后来道家者流之前驱也。后来道家者流，分为老庄二派。道家之有老庄，犹儒家之有孟荀也。（《老子》一书出在孟子后，辩论甚多，兹不详举）

【**解读**】春秋末期的《论语》中记载的"隐者"，有拦在孔子车前歌唱以讽劝孔子不能隐以保身的楚狂接舆，也有对世衰道驰的现实心灰意冷而避世耕种的长沮、桀溺。到了战国时期，孟子将杨朱与墨子并称为他的两大理论对手。杨朱的思想主张为极端的自利主义，所谓"拔一毛而利天下，不为也"。"全生保真"则出自《淮南子》，为西汉淮南王刘安主持编著，其中以道家思想为主。

在《小史》所著年代，学界兴起辩伪思潮，对孔子师从老子等传说有许多批判，进而主张《老子》成书年代在战国末年乃至西汉中叶。然而随着马王堆帛书、郭店楚简等出土文献的发掘，当代学界有学者重新主张《老子》成书在春秋时期。

古代所谓天，乃主宰之天。孔子因之，墨子提倡之。至孟子则所谓天，有时已为义理之天。所谓义理之天，常含有道德的唯心的意义，特非主持道德律之有人格的上帝耳。《老子》则直谓"天地不仁"，不但取消天之道德的意义，且取消其唯心的意义。古时所谓道，均谓人道；至《老子》乃予道以形上学的意义。以为天地万物之生，必有其所以生之总原理，此原理名之曰道。故《韩非子·解老》云："道者万物之所以成也。"《老子》云："有物混成，先天地生。寂兮寥兮，独立而不改，周行而不殆，可以为天下母。吾不知其名，字之曰道，强为之名曰大。"（《老子》第二十五章）道之作用，并非有意志的。只是自然如此。故曰："人法地，地法天，天法道，道法自然。"

（第二十五章）道即万物所以如此之总原理，道之作用，亦即万物之作用。但万物所以能成万物，亦即由于道。故曰："道常无为而无不为。"（第三十七章）道为天地万物所以然之总原理，德为一物所以然之原理，即《韩非子》所谓"万物各异理"之理也。

【解读】主宰之天、运命之天与义理之天的不同意义在第三章讨论孟子时已有辨析。《老子》认为天地无所谓仁，既否认天含有道德属性，也否认天与人的内心本性有直接关联。天地与万物为什么存在？又当如何存在？它们背后的总体原理就是"道"。"道"不受其他事物支配，也没有自己的意志，只是遵循自然原则。所以，"道"本身没有作为，但是它做了一切事情（因为它是万事万物存在与运行的总原理）。"道"是总原理，"德"则是"道"的分化，对应的是具体事物的存在根据与存在方式。

《老子》曰："孔德之容，惟道是从。"（第二十一章）又曰："道生之，德畜之，物形之，势成之。是以万物莫不尊道而贵德。道之尊，德之贵，夫莫之命而常自然。"（第五十一章）《管子·心术上》云："德者道之舍，物得以生，生得以职道之精。故德者，得也。得也者，其谓所得以然也。以无为之谓道，舍之之谓德。故道之与德无间，故言之者无别也。"此解说道与德之关系，其言甚精。由此而言，则德即物之所得于道而以成其物者。《老子》所云"道生之，德畜之"，其意中道与德之关系，似亦如此，特未能以极清楚确定的话说出耳。"物形之，势成之"者，吕吉甫云："及其为物，则特形之而已……已有形矣，则裸者不得不裸，鳞介羽毛者，不得不鳞介羽毛，以至于幼壮老死，不得不幼壮老死，皆其势之必然也。"形之者，即物之具体化也。物固势之所成，即道德之作用，亦是自然的。故曰："道之尊，德之贵，夫莫之命而常自然。"

【解读】《老子》认为，"德"是"道"在具体事物上的体现。"道"作为世界运行的总体原理，不断地使万物在其中被创生出来。万物生成之后，又各有其自身的原理，那就是接受"道"而形成的"德"。所以《管子》认为，"德"是"道"的住宅；栖居在具体事物之"德"中的"道"，与作为总体原理的自然之"道"，是紧密无间、不可支离的。至于具体事物如何生成，就需要考察它的具体形态，以及与之相关联的环境。但无论是具体形态还是环境，都是"道"自然演化的结果。

《老子》以为宇宙间事物之变化，于其中可发现通则。凡通则皆可谓之为"常"。常有普遍永久之义。故道曰常道。所谓："道可道，非常道。"（第一章）自常道内出之德，名曰常德。所谓："常德不忒，复归于无极。……常德乃足，复归于朴。"

（第二十八章）至于人事中可发现之通则，则如："取天下常以无事。"（第四十八章）"民之从事，常于几成而败之。"（第六十四章）"天道无亲，常与善人。"（第七十九章）凡此皆为通则，永久如此。吾人贵能知通则，能知通则为"明"。《老子》中数言"知常曰明"，可知明之可贵。"知常"即依之而行，则谓之"袭明"。（第二十七章）[马夷初先生云："袭、习古通。"（《老子校诂》）]。或谓为"习常"（第五十二章）。若吾人不知宇宙间事物变化之通则，而任意作为，则必有不利之结果。所谓："不知常，妄作，凶。"（第十六章）

【解读】宇宙事物变化都有其背后的通行法则，也就是《老子》所说的"常"。"常"的意思是普遍、永恒。对于"道""德"乃至人们的生活，人们都可以从中认识其背后的通行法则。这种认识能力叫作"明"。能够通过"明"的认识能力来把握"常"，再将其转化为行动，依照着通行法则来生活，就叫作"袭明"或"习常"。

事物变化之一最大通则，即一事物若发达至于极点，则必一变而为其反面。此即所谓"反"，所谓"复"。《老子》云："反者道之动。"（第四十章）又云："大曰逝，逝曰远，远曰反。"（第二十五章）又云："万物并作，吾以观复。"惟"反"为道之动，故"祸兮福之所倚，福兮祸之所伏"。"正复为奇，善复为妖。"（第五十八章）惟其如此，故"曲则全，枉则直，洼则盈，敝则新，少则得，多则惑"（第二十二章）。惟其如此，故"飘风不终朝，骤雨不终日"（第二十三章）。惟其如此，故"以道佐人主者，不以兵强天下，其事好还"（第三十章）。惟其如此，故"天之道其犹张弓欤，高者抑之，下者举之。有余者损之，不足者补之"（第七十七章）。惟其如此，故"天下之至柔，驰骋天下之至坚"（第四十三章）。"天下莫柔弱于水，而攻坚强者莫之能胜。"（第七十八章）惟其如此，故"物或损之而益，或益之而损"（第四十二章）。凡此皆事物变化自然之通则，《老子》特发现而叙述之，并非故为奇论异说。而一般人视之，则以为非常可怪之论。故曰："正言若反。"（第七十八章）故曰："玄德深矣远矣，与物反矣，乃至于大顺。"（第六十五章）故"下士闻道大笑之，不笑不足以为道"（第四十一章）。

【解读】事物变化最重要的通行准则之一，就是所谓"物极必反"，即事物发展到顶点后就会走向它的反面。所以，事物的肯定方面和否定方面总是结合在一起。人们在行动的时候，不能一味逞强，将事情做到极端。相反，应该采取柔顺温和的方式。由《老子》看来，这是世界普遍的自然通则，但是很多人无法认识到这一点，甚至觉得这很怪异。所以相对于一般人的见识而言，《老子》将自己的思想视为少数，他的言论就听起来像是反话。

事物变化既有上述之通则，则"知常曰明"之人，处世接物，必有一定之方法。大要吾人若欲如何，必先居于此如何之反面。南辕正所以取道北辙。故"将欲歙之，必固张之；将欲弱之，必固强之；将欲废之，必固兴之；将欲夺之，必固与之"（第三十六章）。此非《老子》之尚阴谋，《老子》不过叙述其所发现耳。反之，则将欲张之，必固歙之；将欲强之，必固弱之。故"圣人后其身而身先；外其身而身存。非以其无私耶，故能成其私"（第七章）。此"知常曰明"之人所以自处之道也。

【解读】既然有"物极必反"的通则，那么人们在行动中，不仅需要保持温和柔顺，还需要在行动过程中，将自己放在所要面对的事物的反面。圣人自己也要遵循这个通则，为了成就自身与世界，就需要先忘掉自己的利益、淡化自己的处境。

一事物发展至极点，必变为其反面。其能维持其发展而不致变为其反面者，则其中必先包含其反面之分子，使其发展永不能至极点也。故"大成若缺，其用不弊；大盈若冲，其用不穷；大直若屈，大巧若拙，大辩若讷"（第四十五章）。"知常曰明"之人，知事物真相之如此，故"知其雄，守其雌，为天下溪。……知其白，守其黑，为天下式。……知其荣，守其辱，为天下谷"（第二十八章）。总之："圣人去甚，去奢，去泰"（第二十九章）。其所以如此，盖恐事物之发展若"泰""甚"，则将变为其反面也。黑格尔谓历史进化，常经"正""反""合"三阶级。一事物发展至极点必变而为其反面，即由"正"而"反"也。"大直若屈，大巧若拙。"若只直则必变为屈，若只巧则必"弄巧反拙"。惟包含有屈之直，有拙之巧，是谓大直大巧，即"正"与"反"之"合"也。故大直非屈也，若屈而已。大巧非拙也，若拙而已。"知常曰明"之人，"知其雄，守其雌"常处于"合"，故能"殁身不殆"矣。

【解读】事物可以保持不停滞地发展，是因为其内部蕴含矛盾的力量，使发展不会由于达到极点而被穷尽。所以在第四十五章中，《老子》认为最完满的东西看起来总好像有所欠缺，最充盈的东西看起来总好像是空虚的，最正直的东西看起来总好像是弯曲的，最灵巧的东西看起来总好像很笨拙，最卓越的辩才看起来总好像十分木讷。但也正因如此，它们的力量才不会衰竭穷尽。

黑格尔认为，事物的发展变化存在"正""反""合"三个阶段。"正"意味着对事物发展的某一阶段的正面描述，肯定这个阶段中事物的既定条件。"反"意味着事物发展到一定阶段后会碰到自己的界限，从而使得这一阶段事物的既有条件出现问题。出现问题之后就要寻求解决的方法，问题的解决往往会将事物推向新的发展阶段，这就是"合"。对事物的肯定和对事物出现问题的反思，都融合到了事物发展的新阶段之中，所以它被称为"合"。对《老子》而言，保持事物的中间状态，将肯定方面与否定方面结合起来，是保持事物发展力量的关键。这种方法看起来有些曲折、笨拙，但其背后有着深刻的实践智慧。

老子理想中之人格，常以婴儿比之；盖婴儿知识欲望皆极简单，合乎"去甚，去奢，去泰"之意也。故曰："含德之厚，比于赤子。"（第五十五章）圣人治天下，亦欲使天下人皆如婴儿，故曰："圣人在天下歙歙然，为天下浑其心……圣人皆孩之"（第四十九章）。《老子》又以愚形容有修养之人，盖愚人之知识欲望亦极简单也。故曰："我愚人之心也哉。沌沌兮，俗人昭昭，我独昏昏；俗人察察，我独闷闷。澹兮其若海，飂兮若无止。众人皆有以，我独顽似鄙。"（第二十章）圣人治天下，亦欲使天下人皆能如此，故曰："古之善为道者非以明民，将以愚之。"（第六十五章）"不以智治国"，即欲以"愚"民也。然圣人之愚，乃修养之结果，乃"大智若愚"之愚也。"大智若愚"之愚，乃智愚之"合"，与原来之愚不同。《老子》所谓"圣人之治，虚其心，实其腹，弱其志，强其骨。常使民无知无欲"（第三章）。此使民即安于原来之愚也。此民与圣人之不同也。

【**解读**】婴儿能本能地顺从自己的天性，没有多余的知识和欲望。圣人通过修养而达到婴儿的状态，从而照料百姓。百姓则保持在他的自然状态之中，不需要修养的努力。所以，圣人的"愚"并非愚蠢，而是通过限制小聪明与放纵的欲望，来实现返璞归真的智慧，这也是圣人以"愚"治国的理论前提。

老子之理想的社会，为"小国寡民"之简单组织，如《老子》第八十章所说。此非只是原始社会之野蛮境界，此乃包含有野蛮之文明境界也。非无舟舆也，有而无所乘之而已。非无甲兵也，有而无所陈之而已。"甘其食，美其服"，岂原始社会中所能有者？可套老子之言曰："大文明若野蛮。"野蛮的文明乃最能持久之文明也。

【**解读**】《老子》提出的"小国寡民"的理想社会，与崇尚柔顺、遵从自然的理想相一致，只有如此才能保有文明、野蛮这组矛盾之"合"。野蛮的文明并非回归原始，而是在物质、文化都得到发展的前提之下，通过人们的修养，再返回合乎人与自然之天性的状态之中。这样，理想社会就能够以柔顺的状态保持不断生长的力量，避免因不断发展而走向极端。

五
。————

惠施、公孙龙、《墨经》

【导览】前文提到，以孔子为代表的学者为了使得人们接受他们的政治主张，而采取理论化、哲学化的方式思考。在本章中，随着名家的出现，理论思考又增加了合乎逻辑与论辩规范的要求，这无疑是中国哲学的一个重要发展。一方面，哲学家们对逻辑是什么有着不同的观点；另一方面，在遵循逻辑与捍卫常识之间也存在张力与争辩。

本章论证较为抽象复杂，但整体结构是清晰的。名家的主流是惠施与公孙龙。前者强调用总体概念涵盖特殊事物，后者强调从特殊感觉中分析出普遍属性。后期墨家则主张论辩与经验相结合，在捍卫常识的立场上区分同异的概念，通过人的认知过程反驳"合同异"与"离坚白"之论。

诸子中之名家，当时称为"辩者"。其中有惠施、公孙龙二派。惠施之学说见《庄子·天下篇》所述十事。据《天下篇》所述，惠施谓："至大无外，谓之大一；至小无内，谓之小一。""日方中方睨，物方生方死。""大同而与小同异，此之谓小同异；万物毕同毕异，此之谓大同异。""泛爱万物，天地一体也。"其大意乃从"至大无外"之观点，指出一切事物之为变的，有限的，相对的。"日方中方睨，物方生方死"，一切事物之为变的，皆如此也。天下之物，若谓其同，则皆有相同之处，谓万物毕同可也。若谓其异，则皆有相异之处，谓万物毕异可也，至于世俗所谓同异，此物与彼物之同异，乃小同异，非大同异也。世俗所谓同异，是相对的，所谓一体，亦是相对的，故曰："泛爱万物，天地一体也。"庄子谓："天地与我并生，而万物与我为一。"（《齐物论》）亦此意也。

【解读】惠施认为，事物之间是相同还是相异，取决于我们理解的角度。如果从特殊性来看，每一个个体都是独一无二的，而且都在不停地运动、改变。如果从同一性来看，事物之间无论存在多大的差异，都可以找到它们的共同点。所以，我们所理解的世俗事物的特殊性，都只是相对的；从总体上来看，我们还是能通过最大的概念来将万物都统合为一体。

惠施之十事，若照上文所解释，与《庄子》之《齐物论》《秋水》等篇中所说，极相近矣。然《庄子·齐物论》甫言"天地与我并生，而万物与我为一"；下文即又言"既已为一矣，且得有言乎？"此一转语，乃庄子与惠施所以不同之处。盖惠施只以知识证明"万物毕同毕异""天地一体"之说，而未言若何可以使吾人实际经验"天地一体"之境界。庄子则于言之外，又言"无言"；于知之外，又言不知；由所谓"心斋""坐忘"，以实际达到忘人我，齐死生，万物一体，绝对逍遥之境界。故《天下篇》谓庄子"上与造物者游，而下与外死生无终始者为友"。至谓惠施，则"弱于德，强于物，其涂隩矣"。由此观之，庄子之学，实自惠施又进一步也。

【解读】庄子与惠施有所不同。惠施在概念和逻辑上论证出万物一体，但没有讨论人们如何真正达到万物一体的境界。庄子在实践的层面上发展了惠施的学说，达到这种万物一体的神秘主义境界，需要通过澄净自己的内心、忘掉欲望的干扰等等实践修养方法。

名家之别一派为公孙龙。公孙龙在当时有名之辩论，为"白马非马"及"离坚白"。"白马非马"者，马之名所指只一切马所共有之性质，只一马（as such），所谓"有马如已耳"（已似当为己，如己即as such之意）。其于色皆无"所定"，而白马则于色有"所定"，故白马之名之所指，与马之名之所指，实不同也。白亦有非此白物亦非彼白物之普通的白；此即所谓"不定所白"之白也。若白马之白，则只为白马之白，故曰："白马者，白定所白也。定所白者，非白也。"言已为白马之白，则即非普通之白，白马之名之所指，与白之名之所指，亦不同也（引用符号内乃《公孙龙子·白马论》文）。盖公孙龙作"物"与"指"之区别。物为占空间时间中之位置者，即现在哲学中所谓具体的个体也。如此马、彼马、此白物、彼白物，是也。指者，名之所指也。就一方面说，名之所指为个体，所谓："名者，实谓也。"（《公孙龙子·名实论》）就又一方面说，名之所指为共相。如此马彼马之外，尚有"有马如已耳"之马。此白物彼白物之外，尚有一"白者不定所白"之白。此"马"与"白"即现在哲学中所谓"共相"或"要素"也。公孙龙之立论，多就共相说。故自常识观之，多为诡论。

【解读】"马"这个词指的是所有马都共有的基本性质，而"白马"不仅规定了马的基本性质，还规定了它的颜色。所以，"白马"一词的内涵及其所指，便不同于"马"，即"白马非马"。公孙龙上述区分之所以能够成立，是因为他区分了词语或概念本身，与词语或概念所指向的事物。词语或概念既可以表达抽象的、具有一般意义的思想之物，也可以指向具体的、占据特殊时间、空间的实在之物。所以，在具体的一匹又一匹的马之外，还有作为整体的"马"这一概念；在具体的这个白色事物与那个白色事物之外，还有作为整体的"白"这一概念。

"离坚白"者。《公孙龙子》有《坚白论》，谢希深注云："坚者不独坚于石，而亦坚于万物，故曰：'未与石为坚而物兼'也。亦不与万物为坚而固当自为坚，故曰：'未与物为坚而坚必坚'也。天下未有若此独立之坚而可见，然亦不可谓之无坚，故曰：'而坚藏也。'"独立之白，虽亦不可见，然白实能自白。盖假使白而不能自白，即不能使石与物白。若白而能自白，则不借他物而亦自存焉。黄黑各色亦然。白可无石，白无石则无坚白石矣。由此可见坚白可离而独存也。此就形上学上言"坚"及"白"之共相皆有独立的潜存。"坚"及"白"之共相，虽能独立地自坚自白，然人之感觉之则只限于其表现于具体的物者。即人只能感觉其与物为坚与物为白者。然即其不表现于物，亦非无有，不过不能使人感觉之耳。此即《坚白论》所谓"藏"也。其"藏"乃其自藏，非有藏之者；故《坚白论》曰："有自藏也，非藏而藏也。"柏拉图谓个体可见而不可思，概念可思而不可见，即此义也。于此更可见"坚""白"之"离"矣。岂独"坚""白"离，一切共相皆分离而有独立的存在，故《坚白论》曰："离也者，天下皆独而正。"

【解读】公孙龙认为，"坚硬""白色"等普遍属性是独立于具体事物而存在的。如果我们不能先理解何谓坚硬、何谓白色，我们便无法认识到一块石头是否坚硬或为白色。所以，虽然我们经验中感知到的是又坚硬又为白色的石头，但是这些属性在概念领域中是可以相互区分的。就算我们不去感知石头，属性本身也不会消失，不过是它们自己隐藏了。

《庄子·德充符》曰："自其异者视之，肝胆楚越也；自其同者视之，万物皆一也。"盖或自物之异以立论，则见万物莫不异；或自物之同以立论，则见万物莫不同。然此特就个体的物言之耳。一个体本有许多性质，而其所有之性质又皆非绝对的。故泰山可谓为小，而秋毫可谓为大。若共相则不然。共相只是共相，其性质亦是绝对的。如大之共相只是大，小之共相只是小。惠施之观点注重于个体的物，故曰"万物毕同毕异"，而归结于"泛爱万物，天地一体"也。公孙龙之观点，则注重于共相，故"离坚白"而归结于"天下皆独而正"。二派之观点异，故其学说亦完全不同。战国时论及辩者之学，皆总而言之曰："合同异，离坚白。"或总指其学为"坚白同异之辩"。此乃笼统言之。其实辩者之中，当分二派：一派为"合同异"；一派为"离坚白"。前者以惠施为首领；后者以公孙龙为首领。

【解读】惠施关注的是个体事物绝对的特殊性，认为只有通过广泛包容所有的特殊性，才能实现万物一体。公孙龙关注的是总体概念的普遍性，认为只有对感官经验进行拆分直至独立状态，才能够真正实现每一个概念自身的普遍性。庄子则指出，这两种名家之间的差异并不是绝对的，只是一个采取个体性的视角，一个采取普遍性的视角，视角不同导致他们的结论不同。

辩者之说行后，儒墨二家，对之俱有反动。盖辩者所持之论，皆与吾人之常识违反。儒墨之学，皆注重实用，对于宇宙之见解，多根据常识。见辩者之"然不然，可不可"，皆以为"怪说琦辞"而竞起驳之。然辩者立论，皆有名理的根据，故驳之者之立论，亦须根据名理。所以墨家有《墨经》，儒家有《荀子》之《正名篇》，皆拥护常识，驳辩者之说。儒墨不同，而对于反辩者则立于同一观点。盖儒墨乃从感觉之观点以解释宇宙；而辩者则从理智之观点以解释宇宙也。

《墨经》为欲拥护常识，反对辩者，特立论就知识论（Epistemology）方面，说知识之性质及其起源。《经上》云："知，材也。"此知乃吾人所以能知之才能。有此才能，不必即有知识。如眼能视物，乃眼之"明"；但眼有此"明"，不必即有见。盖能见之眼须有所见，方可有见，能知之知须有所知，方可有知也。《经上》又云："知，接也。"此知乃能知遇所知所生之知识，人之能知之官能，遇外物即所知，即可感觉其态貌。如能见之眼，见所见之物，即可有见之知识。《经上》又云："智，明也。"

【解读】知识不同于逻辑。研究逻辑可以进行纯粹的概念思辨推演，但研究知识则不得不考察人们的感觉能力与经验生活。感觉能力（眼睛）、感觉对象（所见之物）与感觉过程（相互接触），这三者是我们获得知识的前提。

吾人能知之官能，遇外物即所知。不但能感觉其态貌，且能知其为何物。如见一树，不但感觉其态貌，且知其为树。知其为树，即将此个体的物列于吾人经验中之树之类中，此《经说上》所谓"以其知论物"也。如此则凡树所有之性质，吾虽尚未见此树有，亦敢断其必有。于是吾人对于此个体的物之知识乃明确，《经说上》所谓"其知之也著"也。

此外《墨经》又就逻辑方面，论吾人知识之来源及其种类。《经上》云："知、闻、说、亲、名、实、合、为。"《经说上》云："知，传受之，闻也。方不障，说也。身观焉，亲也。所以谓，名也。所谓，实也。名实耦，合也。志行，为也。""闻、说、亲"谓吾人知识之来源。"名、实、合、为"谓吾人知识之种类。"闻"谓吾人由"传受"而得之知识。"说"谓吾人由推论而得之知识。"亲"谓吾人亲身经历所得之知识，即吾人能知之才能与所知之事物相接而得之知识也。所谓"身观焉"是也。一切知识，推究其源，皆以亲知为本。如历史上所述诸事情，吾人对之，惟有闻知而已。然最初"传"此知识之人，必对于此事有"身观焉"之亲知也。虽吾人未见之物，若知其名，即可推知其大概有何性质，为何形貌，然吾人最始必对此名所指之物之有些个体，有"身观焉"之亲知也。知识论所论之知识即此等知识也。

次论吾人知识之种类有四。"名"谓对于名之知识。名所以谓实也；所谓"所以谓"也。"实"谓吾人对于实之知识。实为名之"所谓"，即名之所指之个体也。"合"谓吾人对于名实相合即所谓"名实耦"之知识。"为"谓吾人知所以作一事情之知识。"志行，为也。"吾人作一事情，必有作此事情之目的，及作此事情之行为；前者谓之"志"，后者谓之"行"。合"志"与"行"，总名曰"为"。

【解读】只有感觉还不能形成明确的知识，还需要我们对于事物的类型（属性）有所把握。知识的获得有不同的来源。既有亲身经历获得的直接知识，也有通过传闻而获得的间接知识，还有通过思考推论而获得的复杂知识。所有的知识，归根到底来源于亲身知识。所以，《墨经》所讨论的核心也集中在亲知。此外，知识也有不同的种类。"名"指的是语词、概念。"实"指的是语词概念所指称的具体对象。"合"是语词概念与具体对象彼此符合的知识。"为"则是人们对于行动的知识。"志"指的是行动的目的，"行"指的是行动的过程，二者的总和叫作"为"。

《墨子·小取篇》对于"辩"又有详细的讨论。以为辩之用有六：（一）"明是非"；（二）"审治乱"；（三）"明同异"；（四）"察名实"；（五）"处利害"；（六）"决嫌疑"。其方法为"以名举实，以辞抒意，以说出故"。又论立说之方法有七，即：或、假、效、辟、侔、援、推。

【解读】辩论有六种用处：明辨是非的判分，审查治乱的缘由，区别事物之间的共同点与差异，考察概念与具体事物的关系，搞清楚行动中的利害关系，解决有困难疑惑的事情。具体的方法分为三种，一是用语词概念来反映事实，二是用命题关系来表达思想，三是用推理论证来阐明理由。论述的方法有七种，讨论部分情况、假定预设、依照前提展开演绎、比喻推理、通过语言的相近关系来推理、通过事例的相近关系来推理、从具体事物归纳到普遍原则。

《墨经》中之同异之辩，以为所谓同及异，均有四种。故谓此物与彼物同，彼物与此物同，其同同而所以同不必同也。如墨子与墨翟，二名俱指一人，是谓"重同"。手足头目，同为一人之一体，是谓"体同"。同国之人同为一国之人，是谓"合同"。同类之物，皆有相同之性质，是谓"类同"。异亦有四种。必先知所谓同物之同，果为何种之同，所谓异物之异，果为何种之异，然后方可对之有所推论而不致陷于误谬也。此"同异之辩"与"合同异"一派辩者之"同异之辩"，宗旨不同。此虽不必为驳彼而发，然依《墨经》之观点，则惠施与庄子"合同异"之说，实为误谬。惠施谓"万物毕同毕异"。盖因万物虽异，皆"有以同"；万物虽同，皆"有以异"也。然万物"有以同"，谓为类同可也。因此而即曰"万物一体"，是以类同为体同也，其误甚矣。异亦有四种。谓万物毕异，亦应指出其异为何种，不能混言之也。

【解读】本段讨论四种不同的同异关系。"重同"的意思是，两个名词的所指是同一个事物。"体同"的意思是两个事物属于同一个实体。"合同"指的是都处在一个集合关系之内。"类同"指的是事物属于同一个种类。相应的"异"也就有四种。通过这个区分，就可以澄清名家所主张的"合同异"，其实是在不同的层次上混用了同异概念。事物之间在种类的意义上有相同之处，不意味着这些事物都属于同一个实体，所以无法从"类同"推论出"体同"。

故辩者主张"合同异"，而《墨经》则主张离同异。辩者主张"离坚白"，《墨经》则主张合坚白。所谓合坚白，即《经上》所谓"坚白不相外"，以驳公孙龙"离坚白"，即坚白必相外之说也。《公孙龙子·坚白论》谓："视不得其所坚，而得其所白者，无坚也。拊不得其所白，而得其所坚。得其坚也，无白也。……得其白，得其坚，见与不见离，不见离，一一不相盈，故离。"《坚白论》中又述难者之言曰："目不能坚，手不能白，不可谓无坚，不可谓无白……坚白域于石，恶乎离？""石之白，石之坚，见与不见，二与三，若广修而相盈也，其非举乎？"《墨经》所说，正彼难者之言，以为坚白相盈，不相外，同在于石。吾人视石，得白不得坚；吾人抚石，得坚不得白；然此自是吾人之知与不知耳，非关石之有无坚与白也。坚一也，白二也，因见不见离，而谓一二不相盈。然见与不见，与石之有无坚白无关。坚白在石，实如广修之纵横相涵也。《经说上》所谓"不可偏去而二"也。坚白若不在一处，如白雪中之白，与坚石中之坚，坚非白，白亦非坚，坚白可谓为"相外"。若坚白石，则坚白俱"域于石"，合而同体，则坚内有白，白内有坚。《经说上》所谓："坚白之撄相尽。"所谓"坚得白，必相盈也"，是"坚白不相外也"。

【解读】关于"离坚白"，《墨经》抓住了公孙龙的关键问题，他忽视了人的感官对认知的参与作用。公孙龙认为，通过视觉才能把握白色，通过触觉才能把握坚硬，所以白色和坚硬在属性上可以分割。但是，公孙龙忽视了，只有视觉和触觉、眼睛和双手的共同介入，才能推论出白色和坚硬的区分。可是，石头本身所具备的属性，并不依赖于人的感官介入，人们对石头的看和摸与石头本身的白色和坚硬无关。所以，对于石头本身而言，它的白色和坚硬两种属性都是内在于它自己的，我们没有理由仅仅因为人的感知能力的不同，就将本属于石头的属性强行分割开来。

六
○──

庄子

【导览】老、庄同为道家思想的重要代表，二者却有着微妙差异。《老子》以消极态度来寻找万物背后统一的自然之"道"。《庄子》则更强调具体事物本身的个性，并追问符合每个事物独特性的自由如何实现。同样，《老子》是在承认矛盾二元对立的基础上，运用相反相成的原理来实现返璞归真。《庄子》则更强调跳出二元对立的窠臼，甚至从根本上主张克服语言带来的分别与隔阂。沿着老、庄的上述差异来思考本章，或可为一条有意义的进路。

庄子（西历纪元前369年？—前286年？）哲学中之道德二观念，与《老子》同。其对于幸福之观念，则以为凡物皆由道，而各得其德，即是凡物各有其自然之性。苟顺其自然之性，则幸福当下即是，不须外求。《庄子·逍遥游篇》故设为极大极小之物，鲲鹏极大，蜩鸠极小。"鹏之徙于南冥也，水击三千里，抟扶摇而上者九万里，去以六月息者也。""蜩与学鸠笑之，曰：'我决起而飞，抢榆枋，时则不至而控于地而已矣，奚以之九万里而南为？'"此所谓"故极小大之致，以明性分之适。……苟足于其性，则虽大鹏无以自贵于小鸟，小鸟无羡于天池，而荣愿有余矣。故小大虽殊，逍遥一也。"（郭象《庄子注》）

【解读】庄子以为每一具体事物都有着它的自然本性，顺从了它的自然本性就能够得到属于它的自由，当下即可得到幸福。鲲鹏的一双翅膀广阔得像覆盖着整个天空的云，能够扶摇直上九万里，蜩鸠（蝉和小鸟）虽然极小，却耻笑鲲鹏："我再努力顶多飞到榆树与枋树上，有时甚至还没飞那么高就掉下来了，那鲲鹏又何必飞到九万里外的南海呢？"郭象指出，无论是极大的鲲鹏，还是极小的蜩鸠，只要它们顺应自身的本性来安排自己的生活，就都能逍遥自在，无须互相比较、羡慕。

政治上社会上各种之制度，由庄学之观点观之，均只足以予人以痛苦。盖物之性至不相同。一物有一物所认为之好，不必强同，亦不可强同。物之不齐，宜即听其不齐，所谓以不齐齐之也。一切政治上社会上之制度，皆定一好以为行为之标准，使人从之。此是强不齐以使之齐，爱之适所以害之也，圣人作规矩准绳，制定政治上及社会上各种制度，使天下之人皆服从之。其用意虽未尝不善，其用心未尝不为爱人，然其结果则如鲁侯爱鸟，爱之适所以害之。故庄学最反对以治治天下，以为欲使天下治，则莫如以不治治之。《应帝王篇》云："汝游心于淡，合气于漠，顺物自然而无容私焉，而天下治矣。"

【解读】庄子反对整齐划一的政治治理。制度总制定外在于人之自然本性的标准，再强迫所有人符合它们。尽管制定制度的初衷可能是好的，但是只要它破坏了人们的本性，就会损害人们的自由。

庄学中之社会政治哲学，主张绝对的自由，盖惟人皆有绝对的自由，乃可皆顺其自然之性而得幸福也。主张绝对的自由者，必主张绝对的平等，盖若承认人与人、物与物间，有若何彼善于此，或此善于彼者，则善者应改造不善者使归于善，而即亦不能主张凡物皆应有绝对的自由矣。庄学以为人与物皆应有绝对的自由，故亦以为凡天下之物，皆无不好，凡天下之意见，皆无不对。此庄学与佛学根本不同之处。盖佛学以为凡天下之物皆不好，凡天下之意见皆不对也。盖人之意见，万有不齐，如必执一以为是，则天下人之意见，果孰为是？正与《齐物论》所问之孰为正处、正味、正色，同一不能决定也。若不执一以为是，则天下人之意见皆是也。惟其皆是，故听其自尔，而无须辩矣。《齐物论篇》云："果且无彼是乎哉？彼是莫得其偶，谓之道枢。枢始得其环中，以应无穷。是亦一无穷，非亦一无穷也。故曰，莫若以明。"有所是则有所非，有所非则有所是；故是非乃相对待的，所谓"偶"也。若听是非之自尔而无所是非，则无偶矣。故曰："彼是莫得其偶，谓之道枢"也。"是亦一无穷，非亦一无穷"，如一环然。不与有所是非者为循环之辩论，而立于环中以听其自尔。则所谓"枢始得环中，以应无穷"也。《齐物论篇》又曰："是以圣人和之以是非，而休于天钧；是之谓两行。""天钧"者，《寓言篇》云："万物皆种也，以不同形相禅，始卒若环，莫得其伦，是谓天钧。天钧，天倪也。""天钧、天倪"若谓万物自然之变化；"休乎天钧"，即听万物之自然也。圣人对于物之互相是非，听其自尔。故其态度，即是不废是非而超过之，"是之谓两行"。

【解读】庄子的政治思想推至极端，就是否认一切制度，让万物都回到最适合它们本性的自然状态之中。但是，庄子否认制度、主张平等，旨在肯定万事万物与所有的思想，而不是如同佛教那般要否认万物与思想。在《齐物论》中，庄子提出正确与错误总是成双成对出现的。一旦追求正确就会带来错误，越追求正确，带来的错误就会越多。所以，庄子主张放弃正确与错误的二分，让所有的思想都得到自然的表达。自然表达的思想无穷无尽，就像一个圆环找不到起点和尽头；而我们要做的不是打断这个圆环，而是站在圆环的中心，任由圆环自然转动、思想自由表达。这种自由表达的状态，就是自然的、最好的状态。那么圣人也要相应保持这种放任自然的态度。

凡物皆无不好，凡意见皆无不对，此《齐物论》之宗旨也。推而言之，则一切存在之形式，亦皆无不好。所谓死者，不过吾人自一存在之形式转为别一存在之形式而已。如吾人以现在所有之存在形式为可喜，则死后吾人所得之新形式，亦未尝不可喜。《大宗师篇》曰："特犯（同逢）人之形而犹喜之。若人之形者，万化而未始有极也。其为乐可胜计耶？"知此理也。则可齐生死矣。《大宗师篇》曰："浸假而化予之左臂以为鸡，予因以求时夜。浸假而化予之右臂以为弹，予因以求鸮炙。浸假而化予之尻以为轮，以神为马，予因乘之，岂更驾哉？且夫得者，时也。（郭云：'当所遇之时，世所谓得。'）失者，顺也。（郭云：'时不暂停，随顺而往，世谓之失。'）安时而处顺，哀乐不能入也。此古之所谓悬解也。"哀乐不能入，即以理化情也。斯宾诺莎（Spinoza）以情感为"人之束缚"（Human Bondage）。若有知识之人，知宇宙之真相，知事物之发生为必然，则遇事不动情感，不为所束缚，而得"人之自由"（Human Freedom）矣。譬如飘风坠瓦，击一小儿与一成人之头。此小儿必愤怒而恨此瓦；成人则不动情感，而所受之痛苦亦轻。盖成人之知识，知瓦落之事实之真相，故"哀乐不能入"也。《养生主篇》谓秦失谓哭老聃之死者云："是遁天倍情，忘其所受，古者谓之遁天之刑。"死为生之天然的结果，对此而有悲痛愁苦，是"遁天倍情"也。"遁天"者必受刑，即其悲哀时所受之痛苦是也。若知"得者，时也；失者，顺也。安时而处顺"，则"哀乐不能入"，不受"遁天之刑"而如悬之解矣。其所以能如此者，则以理化情。

【解读】生与死各有其自身相应的价值与意义。《大宗师》中提到，一般人只因为获得人的生命形体就欣然自喜；如果知道人的形体千变万化而未曾有穷尽，那么这种欢乐岂可计算得清！所谓死亡，不过是生命的另一种表现形态而已。我们不需要否认和敌视死亡，而是要安于生命的自然转化状态。斯宾诺莎认为必然与自由是相互依存的。神是最完满的存在，它让万物的存在获得了真实性与必然性；那么我们不能陷溺在某一困苦的悲伤之中，而是要从中认识到神。从局限中看到完满，从偶然中看到必然，将自己的格局打开之后，才能从必然中看到人与神相通的自由。庄子说的"遁天倍情"，指的是违背自然与自己的真实情态，沉溺并局限在偶然的痛苦或欢乐中，遗忘了自己与天地万物相关联的自由，也就同时背叛了自己的自然本性。庄子之所以能够做到这样，其方法是运用自己的理智使自己的格局打开，从而转化有偏狭之危险的感情。

自又一方面言之，则死生不但可齐，吾人实亦可至于无死生之地位。《田子方篇》云："草食之兽，不疾易薮；水生之虫，不疾易水；行小变而不失其大常也。……夫天下者，万物之所一也。得其所一而同焉，则四肢百体将为尘垢，而死生终始将为昼夜，而莫之能滑，而况得丧祸福之所介乎？"《大宗师篇》云："夫藏舟于壑，藏山于泽，谓之固矣。然而夜半有力者负之而走，昧者不知也。藏小大有宜，犹有所遁，若夫藏天下于天下，而不得所遁，是恒物之大情也。……故圣人将游于物之所不得遁而皆存。善夭善老，善始善终，人犹效之，又况万物之所系而一化之所待乎？"如能以吾与宇宙合一，"得其所一而同焉"，则宇宙无死生，吾亦无死生；宇宙永久，吾亦永久矣。

【解读】更进一步说，庄子认为我们可以超越生死的界限。人的生命只是世界运行的一个阶段而已，我们在打开格局之后，认识到我们的形体会不断参与到世界运行之中，那么我们对于人生意义的理解也不必局限在短暂的一生里面。如果心胸格局能够打开到像宇宙这么大，那么我们生命的意义也就能够达到宇宙的广度与深度。

然若何方能使个体与宇宙合一耶？曰，在纯粹经验中，个体即可与宇宙合一。所谓纯粹经验（Pure Experience）即无知识之经验。在有纯粹经验之际，经验者，对于所经验，只觉其是"如此"（詹姆斯所谓"That"），而不知其是"什么"（詹姆斯所谓"What"）。詹姆斯谓纯粹经验，即是经验之"票面价值"（Face Value），即是纯粹所觉，不杂以名言分别，（见詹姆斯《急进的经验主义》*Essays in Radical Empiricism*，三十九页）佛家所谓现量，似即是此。庄学所谓真人所有之经验，即是此种。其所处之世界，亦即此种经验之世界也。《齐物论篇》云："古之人其知有所至矣。恶乎至？有以为未始有物者，至矣尽矣，不可加矣。其次以为有物矣，而未始有封也。其次以为有封矣，而未始有是非也。是非之彰也，道之所以亏也。道之所以亏，爱之所为成。"有经验而不知有物，不知有封（即分别），不知有是非，愈不知则其经验愈纯粹。在经验之中，所经验之物，是具体的，而名之所指，是抽象的。所以名言所指，实只经验之一部。譬如"人"之名之所指，仅系人类之共同性质。至于每个具体的人之特点个性，皆所不能包括。故一有名言，似有所成而实则有所亏也。凡一切名言区别，皆是如此。故吾人宜只要经验之"票面价值"，而不须杂以名言区别。

【解读】美国古典实用主义者詹姆斯认为，我们对于世界的感受，本来是混沌无分的整体。冯友兰借此来解释庄子。随着语言概念能力被不断运用，我们开始用不同的名词来区分事物，用不同的概念判别事物，还要用不同的价值来相互争斗。区分、判别、争斗，都把我们对世界整体混沌无分的感受给破坏了。庄子指出语言概念给我们带来上述麻烦，主张我们超越语言导致的界限，从而回归到那种混沌无分的、整体的感受之中去。这两段讨论庄子修养方法的两条具体途径，一个是打开格局，另一个是超越语言。

有名言区别即有成，有成即有毁。若纯粹经验，则无成与毁也。故达人不用区别，而止于纯粹经验，则庶几矣。其极境虽止而又不知其为止。至此则物虽万殊，而于吾之知识上实已无区别。至此则真可觉"天地与我并生，而万物与我为一"矣。

【解读】庄子虽然承认万物有差异，但是又强调这种差异是相对于人的不同境界而言的。随着人的修养不断深化、境界不断提升，人可以超越万物既存的差异，得到我与万物相互统一的体验。

人至此境界，始可绝对的逍遥矣。盖一切之物，苟顺其性，虽皆可以逍遥，然一切物之活动，皆有所倚赖，即《逍遥游篇》中所谓"待"。《逍遥游篇》曰："列子御风而行，泠然善也。旬有五日而后返。彼于致福者，未数数然也。此虽免乎行，犹有所待者也。"列子御风而行，无风则不得行，故其逍遥有待于风。推之世上一般人或必有富贵而后快，或必有名誉而后快，或必有爱情而后快。是其逍遥有待于富贵、名誉或爱情也。有所待则必得其所待，然后逍遥。故其逍遥亦为其所待所限制，而不能为绝对的。若至人既已"以死生为一条，可不可为一贯"（《德充符篇》中语），其逍遥即无所待，为无限制的、绝对的。故《逍遥游篇》曰："若夫乘天地之正，御六气之辨，以游无穷者，彼且恶乎待哉？故曰：'至人无己，神人无功，圣人无名。'"（同上）"乘天地之正，御六气之辨，以游无穷者"，即与宇宙合一者也。其所以能达此境界者，则因其无己，无功，无名，而尤因其无己。

【解读】在前文中提到，自由就是顺应自然本性。但是，自由也有两种不同的境界。一种是需要依靠其他事物才能实现自己的自然本性，另一种是不需要依靠其他事物。前一种为有待逍遥，是一般人都能够实现的；后一种为无待逍遥，是与经由修养而达到万物一体的境界相匹配的。

此庄学中之神秘主义也。神秘主义一名词之意义，上文已详。上文谓如孟子哲学中有神秘主义，其所用以达到神秘主义的境界之方法，为以"强恕""求仁"，以至于"万物皆备于我矣，反身而诚，乐莫大焉"之境界。庄学所用之方法，乃在知识方面取消一切分别，而至于"天地与我并生，而万物与我为一"之境界。此二方法，在中国哲学史中，分流并峙，颇呈奇观。不过庄学之方法，自魏晋而后，即无人再讲。而孟子之方法，则有宋明诸哲学家，为之发挥提倡，此其际遇之不同也。

【解读】前文讨论孟子的神秘主义时，曾提到儒家与道家的神秘主义是有差别的。孟子的神秘主义是需要践行忠恕、仁义的，而庄子的神秘主义需要克服语言所带来的界限。魏晋时期的玄学家还有人继承了庄子的方法，之后的中国哲学家就很少有人运用了。但是宋、明两代的哲学家，还有很多人继承了孟子的方法，详见第十章至第十三章。

荀子

【导览】荀子为先秦儒学之集大成者，这也使得他的思想成分颇为复杂。他既采取儒家的立场，又吸取综合了道家、墨家、名家等不同流派的思想精华。荀子与孟子的差别真的如我们想象中那么大吗？荀子又是如何将诸子百家相互冲突的思想共冶一炉、化为己用的呢？

先秦儒家最后之大师为荀子（西历纪元前298年？—前238年？）。自孟子以后，儒家中无杰出之士。至荀子而儒家壁垒，始又一新。孟子、荀子俱尊孔子，而荀子对于孟子，则攻击甚力。西人谓人或生而为柏拉图，或生而为亚里士多德。詹姆斯谓：哲学家，可依其气质，分为硬心的及软心的二派。柏拉图即软心派之代表，亚里士多德即硬心派之代表也。孟子乃软心的哲学家，其哲学有唯心论的倾向。荀子为硬心的哲学家，其哲学有唯物论的倾向。孟子尽性则知天，及"万物皆备于我"之言，由荀子之近于唯物论的观点视之，诚为"僻远而无类，幽隐而无说，闭约而无解"（《非十二子篇》）也。荀子攻孟子，盖二人之气质学说，本不同也。战国时儒家中有孟荀二学派之争，亦犹宋明时代道学家中有程朱、陆王二学派之争也。

【解读】在实用主义者詹姆斯看来，哲学家有着硬心肠与软心肠两种气质。前者具有科学气质，擅长具体事物的深入研究。后者具有宗教气质，擅长对崇高概念的抽象推论。孟子与陆王心学（见第十三章），更贴近于软心肠；荀子与程朱理学（见第十二章），更贴近于硬心肠。

孔子所言之天为主宰之天，孟子所言之天，有时为主宰之天，有时为运命之天，有时为义理之天。荀子所言之天，则为自然之天。此盖亦由于老庄之影响也。《庄子·天运篇》谓天地日月之运行，"其有机缄而不得已"，"其运转而不能自止"，即持自然主义的宇宙观者之言也。荀子之宇宙观，亦为自然主义的。"列星随旋，日月递照"，皆自然之运行；其所以然之故，圣人不求知之也。"不求知天"（《天论》），即尽人力以"自求多福"也。

孟子言义理之天，以性为天之部分，此孟子言性善之形上学的根据也。荀子所言之天，是自然之天，其中并无道德的原理，与孟子异；其言性亦与孟子正相反对。《性恶篇》曰："人之性恶，其善者伪也。"所谓性及伪者，《性恶篇》曰：

"不可学，不可事，而在人者谓之性。可学而能，可事而成之在人者，谓之伪。是性伪之分也。""生之所以然者谓之性。"（《正名篇》）性乃属于天者。荀子所言之天，即为自然之天，其中无理想，无道德的原理，则性中亦不能有道德的原理。道德乃人为的，即所谓伪也。《性恶篇》曰："今人之性，生而有好利焉，顺是故争夺生，而辞让亡焉。……故必将有师法之化，礼义之道，然后出于辞让，合于文理，而归于治。用此观之，然则人之性恶明矣，其善者伪也。"人性虽恶，而人人可以为善。《性恶篇》曰："涂之人可以为禹，曷谓也？曰：凡禹之所以为禹者，以其为仁义法正也。然则仁义法正，有可知可能之理。然而涂之人也，皆有可以知仁义法正之质，皆有可以能仁义法正之具，然则其可以为禹明矣。……今使涂之人，伏术为学，专心一志，思索孰察，加日悬久，积善而不息，则通于神明，参于天地矣。故圣人者，人之所积而致矣。"陈澧曰："戴东原曰：'此与性善之说，不惟不相悖，而且若相发明。'"（《孟子字义疏证》）澧谓："涂之人可以为禹，即孟子所谓人皆可以为尧舜，但改尧舜为禹耳。如此则何必自立一说乎？"（《东塾读书记》卷三）然孟子所谓性善，乃谓人性中本有善端，人即此善端，"扩而充之"，即为尧舜。荀子谓人之性恶，乃谓人性中本无善端。但人性中虽无善端，人却有相当之聪明才力。人有此才力，若告之以"父子之义""君臣之正"，则亦可学而能之。积学既久，成为习惯，圣即可积而致也。涂之人"皆有可以知仁义法正之质，皆有可以能仁义法正之具"，乃就人之聪明才力方面说，非谓人原有道德的性质也。人之积礼义而为君子，与其积耨耕而为农夫等同，（见《儒效篇》）盖皆知识习惯方面事也。故荀子性恶之说，实与孟子性善之说不同也。

【解读】荀子认为天是自然的，没有意志，也没有价值，仅仅按照自然的原则运转而已。所有的伦理、道德、价值都需要通过人的努力与创造来实现，也就是所谓的"自求多福"。没有这些社会伦理的制约，单纯放任人的本性是不会出现善的。荀子与孟子都承认人性中具备善的可能性，二者之间唯一的争辩在于，这种可能性是否是人与生俱来的？孟子认为，人一生下来就具备善的萌芽，后天的教育只是辅助这个萌芽茁壮成长。荀子却认为，人所具备的聪明与能力，可以用来发展善，也可以用来发展恶；人们选择发展善、抑制恶，是基于后天的教育。

荀子曰："人之欲善者，其性恶也。"黄百家驳之云："如果性恶，安有欲为善之心乎？"（《宋元学案》卷一）观以上所说，亦可知黄百家此驳，不足以难荀子。所谓善者，礼仪文理也，仁义法正也，人本不欲此，不过不得不欲此耳。荀子曰："人伦并处，同求而异道，同欲而异知，生也。皆有可也，知愚同。所可异也，知愚分。势同而知异，行私而无祸。纵欲而不穷，则民心奋而不可说也。……无君以制臣，无上以制下。天下害生纵欲，欲恶同物，欲多而物寡，寡则必争矣。故百技所成，所以养一人也。而能不能兼技，人不能兼官。离居不相待则穷；群而无分则争。穷者，患也；争者，祸也。救患除祸，则莫若明分使群矣。……故知者为之分也。"（《富国篇》）此以功利主义说明社会国家之起源，而与一切礼教制度以理论的根据，与《墨子·尚同篇》所说同。盖人有聪明才智，知人无群之不能生存，又知人无道德之不能为群，故知者制为道德制度，而人亦受之。"故知者为之分也"，"知者"二字极可注意。盖人之为此，乃以其有知识之故，非以其性中本有道德之故也。

【解读】黄百家（明末清初大儒黄宗羲的儿子）对荀子的诘难在于，如果人性本来就是恶的，那么人性从哪里来向善的动力呢？但是对荀子来说，人性本身就没有也不需要朝向善的动力。这种动力归根结底来源于政治教化。更进一步，政治教化之所以必要，是由于人们必须要以群体的方式生活，而群体只有通过政治教化才能够避免祸害、获得利益。所以，荀子对人性为什么需要群体、需要政治、需要道德的论证，都和墨家一样，是出于功利主义的考量。那么，人获得道德的根源归根结底是来源于外部知识的传授，而非人性内在的诉求。

以同一理由，荀子论礼之起源云："礼起于何也？曰，人生而有欲；欲而不得，则不能无求；求而无度量分界，则不能不争。争则乱，乱则穷。先王恶其乱也，故制礼义以分之，以养人之欲，给人之求，使欲必不能穷乎物，物必不屈于欲，两者相持而长，是礼之所起也。"（《礼论篇》）盖荀子以为"人之性恶，其善者伪也"。故不能不注重礼以矫人之性也。

礼之用除定分以节人之欲外，又为文以饰人之情。此方面荀子言之甚精。荀子亦重功利，与墨子有相同处。但荀子对于情感之态度，与墨子大不相同。墨子以其极端的功利主义之观点，以人之许多情感为无用无意义而压抑之，其结果为荀子所谓"蔽于用而不知文"。荀子虽亦主功利，然不如墨子之极端，故亦重视情感，重用亦重文。此可于荀子论丧祭礼中见之。荀子论丧礼云："丧礼者，以生者饰死者也，大象其生以送其死也，故事死如生，事亡如存（据郝懿行校），终始一也。……故丧礼者，无它焉，明死生之义，送以哀敬而终周藏也。……事生，饰始也。送死，饰终也。终始具而孝之事毕，圣人之道备矣。"（《荀子·礼论篇》）

衣衾棺椁，皆"大象其生以送其死也"，理智明知死者之已死，而情感仍望死者之犹生。于此际专依理智则不仁，专应情感则不智，故"大象其生以送其死"，则理智情感兼顾，仁而且智之道也。

【解读】出于自然原则与功利主义这两个理由，荀子认为礼的起源也是如此。人的自然之欲是为了争夺利益，但个人利益的争夺会损害群体利益，那么礼在源头上就是为了限制欲望来保护群体利益。所以，礼也是用来矫正人性的。但是，礼的作用不仅仅体现在功利的目的上。荀子与墨子的重大差异在于，荀子还重视了情感对人的影响。墨子完全不重视情感，所以荀子认为墨子不懂得文化的作用。荀子重视丧葬的礼制，因为它在文化上可以让人们理解生命与死亡并不是两件事，从而使得人的生命的意义得以完整。比如人的丧葬之礼，主要是为了模仿生命的状态。这满足了人们对于死者仍然活着的心理期望。所以说荀子兼顾情感与理智，实现了仁与智的统一。

荀子论祭礼云："祭者，志意思慕之情也。忠信爱敬之至矣，礼节文貌之盛矣，苟非圣人，莫之能知也。圣人明知之，君子安行之，官人以为守，百姓以成俗。其在君子以为人道也，其在百姓以为鬼事也。……卜筮视日，斋戒修涂，几筵馈荐告祝，如或飨之。物取而皆祭之，如或尝之……哀夫敬夫，事死如事生，事亡如事存，状乎无形影，然而成文。"（《荀子·礼论篇》）因主人主观方面对死者有"志意思慕之情"，故祭之。然其所祭之对象，则"无形影"，只"如或飨之""如或尝之"而已。一方面郑重其事以祭祀，一方面又知其为"状乎无形影"，"然而成文"。丧祭礼之原始，皆起于人之迷信。荀子以其自然主义的哲学，与丧祭礼以新意义，此荀子之一大贡献也。

【解读】丧礼在一般人的眼中是迷信，但是在圣人与治理者的眼中，是为了维护人们日常生活的基本秩序。所以，荀子一方面重视参与丧礼的人自身的情感诉求，另一方面又阐明人能够永生的信念实际上是迷信。所以，顺应百姓因情感而来的迷信，同时又加以理智的限制，是圣人所需要掌握的关于丧祭的治理能力。既重视情感，又重视理智；既重视风俗，又重视科学；人性与社会中的两个方面都能够兼顾，是荀子对丧祭礼制给出的新的理解。

荀子有《正名篇》。孔子言"正名"，欲使"君君，臣臣，父父，子子"。孟子言："无父无君，是禽兽也。"孟子正人之名而排无父无君者于人之外，是亦孟子之正名主义也。不过孔孟之正名，仅从道德着想，故其正名主义，仅有伦理的兴趣，而无逻辑的兴趣。犹之苏格拉底之"以归纳法求定义"，亦原只有伦理的兴趣也。柏拉图讲概念，其伦理的兴趣，亦较其逻辑的兴趣为大。至亚里士多德始有纯讲逻辑之著作。荀子生当"辩者"正盛时代，故其所讲正名，逻辑的兴趣亦甚大。

上文谓《墨经》及《荀子·正名篇》皆拥护常识，驳辩者之说。《正名篇》所讲之知识论与《墨经》大致相同，兹不具述。

荀子对于当时诸家学说，俱有辩驳。《正名篇》更就正名之观点，将当时流行彼所认为误谬之学说分为三科。其第一科为惑于用名以乱名者，第二科为惑于用实以乱名者，第三科为惑于用名以乱实者。

【解读】孟子关于澄清名分关系，仅仅只有道德的考量、伦理的兴趣。但是荀子对于正名，则更多地从辨名析理、分析概念、逻辑论辩的角度来考虑。在《正名篇》中，荀子否认概念与实在之间有天然的对应关系。相反，概念是为了方便人们的共同生活、由管理者（王）统一制定的。所以，对概念关系的破坏也就意味着对稳定合理的政治伦理的破坏。其中，"以名乱名"意思是通过偷换概念来误导人们的理解；"以实乱名"意思是扰乱人们对物质生活的正常感受从而扰乱概念秩序；"以名乱实"意思是通过混淆、捏造概念破坏人们对具体事物的正常感受。

八。────

五行、八卦

【导览】《周易》是中华文明的奠基文本。本章中哲学历史相与为用，《周易》即梳理了上古传说到商周秦汉的演变过程，也是其思想生命丰富深化的展开。随着汉代统一帝国的兴盛，与自然秩序相匹配的人道秩序得到更进一步的强化与落实。由此，五行、八卦等传统思想资源被赋予新意，形成了中国哲学中独特的，贯穿于科学、政治、历史各个方面的完备思想体系。

古代有所谓术数之学，注意于天人之际，以为天道人事互相影响。及乎战国，人更将此等思想，加以推衍，并将其理论化，使成为一贯的宇宙观，并骋其想象之力，对于天然界及人事界，作种种推测。此等人即汉人所称为阴阳家者。此派在战国末年之首领为邹衍。邹衍有"大九州"之说，"以为儒者所谓中国者，于天下乃八十一分居其一分耳"（《史记·孟子荀卿列传》）。又有"五德转移"之说，其说大概以水、火、木、金、土之五行为五种天然的势力，即所谓五德也。每种势力，皆有盛衰之时。在其盛而当运之时，天道人事，皆受其支配。及其运尽而衰，则能胜而克之者，继之盛而当运。木能胜土，金能胜木，火能胜金，水能胜火，土能胜水。如是循环，无有止息。所谓"自天地剖判以来，五德转移，治各有宜"也。吾人历史上之事变，亦皆此诸天然的势力之表现，每一朝代，皆代表一"德"，其服色制度，皆受此"德"之支配焉。依此观点，则所谓天道人事，打成一片。历史乃一"神圣的喜剧（Divine Comedy）"，汉人之历史哲学，皆根据此观点也。

【**解读**】阴阳家认为天道与人事、自然与社会是相互感应、彼此影响的，所以可以通过把握自然现象来得知人事、社会的动向。其代表人物邹衍认为当时儒者所说的中国，其地域只不过是全世界的八十分之一。他提出关于金、木、水、火、土五种自然元素相生相克的理论。一种元素所代表的德性最为盛行的时代，自然与社会都受其影响支配。等到它衰落下去时，就会有新的元素与德性来取代它，如此循环往复。人们的政治生活都要遵循五行的安排以与之相匹配。这种思想影响了汉代人的现实政治与他们对历史的理解。

与五行说相对待者为八卦说。《易》之八卦，相传为伏羲所画。六十四卦，或云为伏羲所自重（王弼等说），或云为文王所重（司马迁等说）。卦辞爻辞，或云系文王所作（司马迁等说），或云卦辞文王作，爻辞周公作（马融等说）。"《彖》《象》《系辞》《文言》《序卦》之属十篇"，即所谓《十翼》者，相传皆孔子作。然此等传说，俱乏根据。商代无八卦，商人有卜而无筮。筮法乃周人所创，以替代或补助卜法者。卦及卦爻等于龟卜之兆。卦辞爻辞等于龟卜之繇辞。繇辞乃掌卜之人，视兆而占者。此等临时占辞，有时出于新造，有时亦沿用旧辞。如有与以前所卜相同之事，卜时又有与以前相同之兆，则占辞即可沿用其旧；如前无此兆，则须新造。灼龟自然的兆象，既多繁难不易辨识，而以前之占辞，又多繁难不易记忆。筮法之兴，即所以解决此种困难者。卦爻仿自兆而数有一定，每卦爻之下又系有一定之辞。筮时遇何卦何爻，即可依卦辞爻辞引申推论。比之龟卜，实为简易（自"商代无八卦"以下至此，余永梁先生说，见《"中央研究院"历史语言研究所集刊》第一本第一份）《周易》之名，或即由此起。因其为周人所作，故冠曰周；因其用法简易，故名曰《易》。

【解读】关于八卦有一系列的传说：伏羲画八卦、文王将八卦推演为六十四卦、文王、周公做卦辞和爻辞、孔子撰写十篇解释《周易》的《易传》（即《十翼》），冯友兰认为它们没有根据。商代人用龟甲占卜，周代人用蓍草占卜。占卜的时候，需要用到的占卜之辞纷繁复杂，蓍草成为了对龟甲的一种简易性革新。用蓍草和八卦占卜是从周代开始的，而且它较为简易，所以被叫作《周易》。

周人为八卦，又重之为六十四卦，以仿龟兆。其初八卦本不必有何意义，及后日益附演，八卦乃各有其所代表之事物。如《说卦》云：

> "乾，天也，故称乎父；坤，地也，故称乎母。震一索而得男，故谓之长男。巽一索而得女，故谓之长女。坎再索而得男，故谓之中男。离再索而得女，故谓之中女。艮三索而得男，故谓之少男。兑三索而得女，故谓之少女。乾为天，为圆，为君，为父……坤为地，为母……震为雷……巽为木，为风……坎为水，为月……离为火，为日……艮为山……兑为泽……"

《说卦》《序卦》《杂卦》三篇，在所谓《十翼》中，尤为晚出。然据《左传》《国语》所记，春秋时人亦已以乾为天，坤为土，巽为风。（见《左传》庄公二十二年）离为火，艮为山。（见《左传》昭公十五年）震为雷，坎为水。（见《国语·晋语》）又以震为长男，坤为母（同上）。可见《说卦》所说，亦本前人所已言者而整齐排比之耳。八卦已有此诸种意义时，讲《周易》者之宇宙论，系以个人生命之来源为根据，而类推及其他事物之来源。《易·系辞》云："天地氤氲，万物化醇；男女构精，万物化生。"男女交合而生人，为类推而以为宇宙间亦有二原理。其男性的原理为阳，其卦为乾；其女性的原理为阴，其卦为坤。而天地乃其具体的代表。乾坤相交：乾一之坤为震，为长男，而雷为其具体的代表；坤一之乾为巽，为长女，而风为其具体的代表；乾二之坤为坎，为中男，而水为其具体的代表；坤二之乾为离，为中女，而火为其具体的代表；乾三之坤为艮，为少男，而山为其具体的代表；坤三之乾为兑，为少女，而泽为其具体的代表。总之，宇宙间之最大者为天地，天上之最惹人注意者为日月风雷，地上之最惹人注意者为山泽，人生之最切用者为水火，古人以此数者为宇宙之根本，于是以八卦配之；而又依人间父母子女之关系，而推定其间之关系焉。

【解读】八卦本来不具备意义，但是在历史发展与占卜实践中逐渐具备了稳定的意义。简而言之，天、地、日、月、风、雷、山、泽、水、火被对应于相应的卦象，人们又用父母、子女的人伦关系来解释、推论八卦之间的关系。

此以八卦所代表者为宇宙之根本。此八卦说与前所述之五行说，在先秦似为两独立的系统。其时讲五行者不讲八卦，讲八卦者不讲五行。至汉，此二说始相混合。汉人称邹衍为阴阳家。其实阴阳乃八卦说之系统中所讲，邹衍等不讲八卦也。

所谓《十翼》，盖战国秦汉时人就《易》推衍之著作。其中之宇宙论皆以个人生命之来源为根据，类推万物之来源。以"男女构精，万物化生"之事实，类推而定为"天地氤氲，万物化醇"之原理。"天施地生，其益无方"（《益·彖》），天地即乾坤阴阳之具体代表也。此二原理，一刚一柔，一施一受，一为万物之所"资始"，一为万物之所"资生"。（《彖辞》）"夫乾，其静也专，其动也直"；"夫坤，其静也翕，其动也辟"。"阖户谓之坤，辟户谓之乾"。（《系辞》上）皆根据男女两性对于生殖之活动，以说明乾坤。

因乾坤之交感，而乃有万物，而乃有发展变化。《系辞》上云："阖户谓之坤；辟户谓之乾；一阖一辟谓之变；往来不穷谓之通。"宇宙间诸事物时时革新，时时变化，所谓"日新之谓盛德"（《系辞》上）也。宇宙间诸事物之变化，皆依一定之秩序，永久进行。故云："天地以顺动，故日月不过，而四时不忒。"（《豫·彖》）"天地之道，恒久而不已也。利有攸往，终则有始也。日月得天而能久照，四时变化而能久成。……观其所恒，而天地万物之情可见矣。"（《恒·彖》）惟其如此，故宇宙演化，永无止期，故《序卦》云："物不可以终穷也，故受之以未济终焉。"

宇宙间事物时时变化，其变化是循环的，故云："无往不复，天地际也。"（《泰·象》）"反复其道，七日来复……复其见天地之心乎！"（《复·象》）"日往则月来，月往则日来，日月相推，而明生焉。寒往则暑来，暑往则寒来，寒暑相推，而岁成焉。往者，屈也；来者，信也；屈信相感而利生焉。"（《系辞》下）"反复其道"，"无往不复"，宇宙间事物之"往来""屈信"，皆如日月寒暑之循环往来，此所谓"复"。此为宇宙间事物变化所依之一大通则。故曰："复，其见天地之心乎！"

惟其如此，所以宇宙间任何事物，若发展至一定程度，则即变而为其反面。"日中则昃，月盈则食"，故乾卦六爻，以九五为最善。至于乾之上九，则为"亢龙有悔"，有"穷之灾"矣。孔子于此云："亢之为言也，知进而不知退，知存而不知亡，知得而不知丧。其唯圣人乎！知进退存亡而不失其正者，其惟圣人乎！""物极必反"，此《易》理，亦《老子》所持之理也。依《序卦》所解释，六十四卦之次序，亦表示物极必反之义。故相反之卦，常在一处。昔人谓《易》《老》相通，盖就此等处说也。

【解读】《易传》是战国秦汉时期人们对《周易》中卦辞、爻辞的进一步解释。其中对于宇宙的解释，是以人的生命作为模板来进行类推的。人们的生育需要男女的协作，其中男性为刚硬、主动的一方，女性则为柔顺、被动的一方。乾坤、阴阳犹如男女的生殖协作，交互作用中生成了万物。一方面万物永恒在生成，另一方面生成也有着内在的秩序。永恒生成的秩序，其表现形式是循环，按照秩序的增长与减少构成了事物变化所依照的通行法则。而事物发展到极端就会走向它的反面。所以

《周易》与《老子》的原理有相通之处。

汉代阴阳家之言最盛。依当时经师之说，则阴阳五行为天道运行之支配者。如董仲舒（西历纪元前179年？—前104年？）论五行云："五行之随，各如其序；五行之官，各致其能。是故木居东方而主春气；火居南方而主夏气；金居西方而主秋气；水居北方而主冬气。是故木主生而金主杀；火主暑而水主寒。……土居中央，谓之天润。土者，天之股肱也。其德茂美，不可名以一时之事，故五行而四时者，土兼之也。"（《春秋繁露·五行之义》）木、火、金、水，各主四时之一气，而土居中以策应之。因四时之气代为盛衰，所以有四时之循环变化；四时之气之所以代为盛衰，则因有阴阳以使之然。董仲舒曰："如金木水火，各奉其所主，以从阴阳，相与一力而并功。其实非独阴阳也，然而阴阳因之以起助其所主。故少阳因木而起助，春之生也。太阳因火而起助，夏之养也。少阴因金而起助，秋之成也。太阴因水而起助，冬之藏也。"（《天辨在人》）故四时之变化，实因阴阳消长流动之所致也。阳盛则助木火为春夏，而万物生长；阴盛则助金水为秋冬，而万物收藏。

【解读】为了配合大一统的新政治格局，加强皇权的统一性，阴阳家所主张的天道与人事相互感应的学说，在汉代发展到了顶峰。五行的顺序与职能，与四季的变化和特质关联在一起。

阴阳五行不惟为天道运行之支配者，并为人事界中各种制度道德所取法。如对于社会伦理，董仲舒有三纲五纪之说（见《深察名号篇》），所谓三纲者，董仲舒曰："君臣父子夫妇之义，皆取诸阴阳之道。君为阳，臣为阴。父为阳，子为阴。夫为阳，妻为阴。……仁义制度之数，尽取之天。天为君而覆露之，地为臣而持载之。阳为夫而生之，阴为妇而助之。春为父而生之，夏为子而养之。……王道之三纲，可求于天。"（《基义》）此于儒家所说人伦之中，特别提出三伦为纲。而"君为臣纲，父为子纲，夫为妻纲"之说，在中国社会伦理上，尤有势力。依向来之传统的见解，批评人物，多注意于其"忠孝大节"：若大节有亏，则其余皆不足观。至于批评妇人，则只多注意于贞节问题，即其对于夫妇一伦之行为。"饿死事小，失节事大"，苟一失节，则一切皆不足论矣。"君为臣纲，父为子纲，夫为妻纲"，于是臣、子、妻，即成为君、父、夫之附属品。董仲舒以为"君臣父子夫妇之义，皆取诸阴阳之道"。盖《易》本以当时君臣、男女、父子之关系，类推以说阴阳之关系；及阴阳之关系如彼所说，而当时君臣、男女、父子之关系，乃更见其合理矣。《白虎通义》更引申以为社会上一切制度，皆取法于五行。《白虎通义》曰："行有五，时有四，何？四时为时，五行为节。故木王即谓之春，金王即谓之秋，土尊不任职，君不居部，故时有四也。子不肯禅何法？法四时火不兴土而兴金也。父死子继何法？法木终火王也。兄死弟及何法？夏之承春也。"（《白虎通义·五行》）

【解读】阴阳五行在人事方面，首先体现在董仲舒所规定的三纲伦常之中。官员对君主的服从、子女对父亲的服从、妻子对丈夫的服从，符合天地、阴阳、春夏的自然关系。这也导致了后世的极端强化倾向，即认为官员、子女、妻子不过是附属品，任何违背礼教规范的事情都会让他们的德性彻底败坏。东汉早期完成的《白虎通义》中，将五行学说与社会制度做了更为广泛的勾连。

易学中之象数一派，亦发达于汉，如《易纬》中所讲之易理，即宋儒所谓"象数之学"之发端。《左传》僖公十五年，韩简曰："龟，象也；筮，数也。物生而后有象，象而后有滋，滋而后有数。"此谓先有物而后有象，有象而后有数，此乃与常识相合之说。上所讲《易》亦言象，如《系辞》云："八卦成列，象在其中矣。""以制器者尚其象。"亦言数，如云："天一，地二，天三，地四，天五，地六，天七，地八，天九，地十。"但彼系以为有物而后有象。八卦之象，乃伏羲仰观俯察所得。既有此象，人乃取之以制器。故象虽在人为的物之先，而实在天然的物之后也。此后八卦之地位日益高。讲《易》者，渐以为先有数，后有象，最后有物。此点汉人尚未明言，至宋儒始明言之。故所谓象数之学，发达于汉，而大成于宋。

【解读】易学分为象数与义理两派。象数派主张通过卦象与数字的关系，来推测事物的发展变化。义理派则主张探寻卦象背后所隐含的道德要求，并强调人们通过培养自己的德性来成就自身、成就世界。其中，象数一派在汉代也非常发达。在常识看来，人们是通过一般的事物，推知事物所代表的种类及其特征（也就是象），然后再通过事物的数量关系来进行预测。在比象数之学略早的《易传》之中，还是承认先有自然事物，而后人们总结出事物的特征规律，最后制造出人为器具。但是在象数学家看来，是先有预测用的、具备特定含义的数，而后才有代表种类的象，最后才是具体事物。虽然汉代人没有直接表达这种颠倒的观点，但是到了宋代，有的儒者将它明确阐发了出来。

所谓象数之学，初视之似为一大堆迷信，然其用意，亦在于对于宇宙及其中各方面之事物，作一有系统的解释。其注重"数""象"，与希腊之毕达哥拉斯学派，极多相同之点。毕氏举出各种物之数，并以小石排为某种形式以表示之。所谓"以数入象"。中国易学之讲"象""数"，正是如此。毕氏以为天是一个和声，在天文与音乐中，最可见数之功用。中国自汉以后讲律吕与历法者，皆以《易》之"数"为本。此仅举中国易学与毕氏学派大端相同之点，然即此亦足令人惊异矣。

【解读】冯友兰认为，象数之学与古希腊的毕达哥拉斯学派有着相近之处。毕达哥拉斯认为，数字是接近于纯粹理念的，可以通过数字的关系来认识事物本身的内在关系。特别是将这种数学思想运用到天文和音乐之中，人们可以取得非常多的成效。在汉代之后，中国人研究音乐与数字，也都以《周易》中的象数思想为基础。这是令人惊异的巧合。

阴阳家之学，虽杂有许多迷信，而中国科学萌芽，则多在其中。盖阴阳家之主要的动机，在于立一整个的系统，以包罗宇宙之万象而解释之。其方法虽误，其知识虽疏，然其欲将宇宙间诸事物系统化，欲知宇宙间诸事物之所以然，则固有科学之精神也。秦汉之政治，统一中国，秦汉之学术，亦欲统一宇宙。盖秦汉之统一，为中国以前未有之局。其时人觉此尚可能，他有何不可能者。故其在各面使事物整齐化、系统化之努力，可谓几于热狂。吾人必知汉人之环境，然后能明汉人之伟大。上文谓中国之讲历法音乐者，大都皆用阴阳家言。此外如讲医学及算学者亦多用阴阳家言。试观《黄帝内经》及《周髀算经》等书，即可知之。阴阳家在此各方面之势力，直至最近，始渐消失。

【解读】阴阳家希望通过象数建立一个包罗万象、统一解释自然及社会的体系。他们为此广泛地研究了自然事物，这无疑推动了自然科学的发展。汉代人完成了国家的统一，于是产生了在知识上也试图统一宇宙的伟大理想，并将这种系统化的实践做到了狂热的地步。这也使得他们在医学和数学领域，都作出了影响久远的实质性贡献。

九．——

佛教、道教与道学

【导览】魏晋南北朝是中国历史上极其动荡的年代，也
是许多异质思想激烈碰撞、高度融合的时期。佛教在中
国得到了广泛传播，先哲也用自己的智慧巧妙地将其中
国化，以融合进中华文明的整体中去。道教作为中国本
土的宗教，对宇宙整体与自然万物也有着独到而缜密的
思考。在唐代，这些丰富的智慧财富作为养料，伴随着
时代问题的呼唤，使得传统的儒家学说和士大夫精神得
到全面复兴。从全书来看，本章为重要的转折点，为后
文宋明理学这座哲学高峰的出场做了铺垫。

及乎魏晋，道家之学又盛。盖古代思想中之最与术数无关者
为道家。汉代阴阳家与儒家混合，盛行一时。其反动即为魏晋时
代道家之复兴。南北朝时人以《老》《庄》《易》为"三玄"，
故讲此方面之学，有"玄学"之称。

【**解读**】在魏晋时期，随着汉朝思想的僵化与统治的解体，道家思想得到了复兴，演变为玄学。玄学的特征是以清谈（纯粹论辩）的方式，探究宇宙的自然面貌，来对抗名教的束缚以及三国时代动荡的政治时局。他们的主要写作方法是对《老子》《庄子》《周易》等著作加以注释，从中阐发自己的独立思想，并与同时代的作者相互论辩。

南北朝时，中国思想界又有新分子加入。盖于是时佛教思想有系统地输入。而中国人对之，亦能有甚深了解。隋唐之时，中国之第一流思想家，皆为佛学家。佛学本为印度之产物，但中国人讲之，多将其加入中国人思想之倾向，以使成为中国的佛学。所谓中国人思想之倾向者，可分数点论之。

【**解读**】佛教传入中国，虽然在汉代就已经开始，但在南北朝时期才颇具系统。佛教的思想不仅深刻影响了中国思想，中国人也将自己的精神特质融入佛学之中，多加改造以使之中国化。

（一）原来之佛学中，派别虽多，然其大体之倾向，则在于说明"诸行无常，诸法无我"。所谓外界，乃系心现，虚妄不实，所异空也。中国人对于世界之见解，皆为实在论。即以为吾人主观之外，实有客观的外界。谓外界必依吾人之心始有存在，

在中国人视之，乃非常可怪之论。故中国人之讲佛学者，多与佛学所谓空者以一种解释，使外界为"不真空"。（用僧肇语）

【解读】原始佛教强调世界变化的无常，认为世界是自我意识构造出来的。所以，佛教认为世界归根结底是"空"的，相应地，我们也需要让自己的心灵与意识回归到虚空洁净的状态。但是，中国人的思想精神更侧重于肯定世界的真实存在，所以无法接受绝对虚空的理论。

（二）"诸行无常，诸法无我，涅槃寂静"，乃佛教中之"三法印"。涅槃译言圆寂，佛之最高境界，乃永寂不动者。但中国人又最注重人之活动。儒家所说人之最高境界，亦即在活动中。如《周易·乾》所说"天行健，君子以自强不息"。即教人于活动中求最高境界也。即庄学最富有出世色彩，然其理想中之真人至人，亦非无活动者。故中国人之讲佛学者，多以为佛之境界，非永寂不动。佛之净心，亦能"繁兴大用"。虽"不为世染"，而亦"不为寂滞"（《大乘止观法门》语）。所谓"寂而恒照，照而恒寂"（僧肇语）也。

【解读】佛教的最高境界，是人处于彻底永恒的虚空寂静之中。但是中国人理解的精神最高境界，却是在活动之中。因此，中国的佛学需要调和寂静与活动两者，其关键在于凸显寂静本身也能够作用于自身与社会，而不是执着于寂静、为了寂静而寂静。

（三）印度社会中阶级之分甚严。故佛学中有一部分谓，有一种人无有佛性，永不能成佛。但中国人以为人皆"可以为尧舜"。即荀子以为人之性恶，亦以为"涂之人可以为禹"。故中国之讲佛学者，多以为人人皆有佛性，甚至草木亦有佛性。又佛教中有轮回之说。一生物此生所有修行之成就，即为来生继续修行之根基。如此历劫修行，积渐始能成佛。如此说则并世之人，其成佛之可能，均不相同。但中国人所说"人皆可以为尧舜"之义，乃谓人人皆于此生可为尧舜。无论何人，苟"服尧之服，行尧之行，言尧之言"，皆即是尧。而人之可以为此，又皆有其自由意志也。故中国人之讲佛学者，又为"顿悟成佛"（道生语）之说。以为无论何人，"一念相应，便成正觉"（神会语）。

【解读】中国的儒学以为人人都可以通过自身的努力成为圣人，所以中国的佛学同样摈弃了印度强调阶级差异的种姓制度，将人性平等、物性平等的思想运用到了佛学之中。然而，这与原始佛教的轮回说产生了矛盾。轮回说认为每个人前世与后世的修行不同，因而此世的人性条件、成佛的可能性也不同。中国的佛学反而主张顿悟说，以捍卫人性平等与自由意志。人通过自己的念头或意识状态的改变，就可以修成正果，不受到其他外在条件的约束限制。

凡此诸倾向，非为印度之佛学家所必无有，但中国之佛学家则多就诸方面发挥也。中国佛学家就此诸方面发挥，即成为天台、华严、禅诸新宗派，盛行于隋唐。

佛学与中国原有之儒家之学之融合，即成为宋明之道学。道学虽盛于宋明，而在唐代已发其端。如韩愈（西历824年卒）作《原道》，极推尊孟子，以为得孔子之正传。此为宋明以来之传统的见解，而韩愈倡之。周秦之际，儒家中孟荀二派并峙。西汉时荀学为盛。仅扬雄对孟子有相当的推崇，此后直至韩愈，无有力的后继。韩愈一倡，此说大行。而《孟子》一书，遂为宋明道学家所根据之重要典籍焉。盖因孟子之学，本有神秘主义之倾向，其谈心谈性，谈"万物皆备于我，反身而诚"，以及"养心""寡欲"之修养方法，可认为可与佛学中所讨论，当时人所认为有兴趣之问题，作相当的解答。故于儒家典籍中，求与当时人所认为有兴趣之问题有关之书，《孟子》一书，实其选也。

【解读】宋明道学的具体内容详见后四章。本段主要提示了道学得以形成的思想史前提。唐朝的韩愈是复兴儒学思想的先行者。他一方面立足阐发传统儒家的基本精神与义理，另一方面吸取了佛学中抽象思辨、阐论世界根本原理的理论方法。韩愈之所以选择《孟子》而不是

《荀子》，也是由于《孟子》中的形而上学思想与修身功夫论，能够更好地与佛学相关的问题匹配上。

韩愈于《原道》又特引《大学》。《大学》本为《礼记》中之一篇，自汉以后至唐，无特别称道之者。韩愈以其中有"明明德""正心""诚意"之说，亦可认为与当时所认为有兴趣之问题有关，故特提出，而又指出"古之所谓正心而诚意者，将以有为也，今也治其心而外天下国家"，以见儒佛虽同一"治心"而用意不同，结果亦异。此后至宋明，《大学》遂亦为宋明道学家所根据之重要典籍焉。韩愈提出"道"字，又为道统之说。此说孟子本已略言之，经韩愈提倡，宋明道学家皆持之，而宋明道学家亦有道学家之名。由此三点言之，韩愈实可宋明道学家之先河也。

【解读】《大学》本是汉儒编纂的《礼记》中的一篇文章，它主要讨论了人的修养方法的基本原理。韩愈敏锐地指出，传统儒家的修身养性，是为了更好地服务国家与社会。而佛学主张的修身养性，却是把国家社会抛在脑后全然不顾了。所以，《大学》中将修身与家国天下联系在一起的核心精神，深刻地影响了宋明儒者。此外，韩愈重新提出了"道"，它既是世界的根本原理，也是人性的根本指向，还是治理天下的根本依据。这种"道"有着尧、舜、禹、汤、文、武、周公、孔子的一系列传承谱系，但是在后世却中断了。于是韩愈认为，儒者需要重新接续这个曾经伟大光辉的道统，才能够真正实现治国平天下的理想。通过佛学重视《孟子》，再运用《孟子》对抗佛学，重视《大学》中修养与政治生活的关联，重新强化道统并强调儒者承担道统的责任，这是由韩愈首开此思想之先河，并深刻影响了宋明儒者。

与韩愈同时，又有李翱。李翱作《复性书》，其中可注意之点甚多，略举之，则有：

（一）《中庸》本为《礼记》中一篇，《复性书》中特别提出之。此后《中庸》遂为宋明道学家所根据之重要典籍。《易·系辞传》亦特别提出，后亦为宋明道学家所根据之重要典籍。

（二）礼乐之功用，在原来儒家之学中，本所以使人之欲望与感情，皆发而有节而得中。《复性书》则谓系"所以教人忘嗜欲而归性命之道"。礼乐之意义，在原来儒家之学中，系伦理的。在此则系宗教的，或神秘的。即在原来儒家之学中，礼乐乃所以养成道德完全之人格；在此则礼乐乃所以使人得到其所谓"诚"之一种方法也。

【解读】礼乐的功用，在原始儒家中是与修身养性关联在一起的，从而服务于政治教化等现实事务。但是，李翱为礼乐赋予了一种形而上学的含义，认为可以通过礼乐来回归人的性命最真实的状态，从而与世界的真实状态相应和。

（三）《复性书》谓："性命之书虽存，学者莫能明，是故皆入于庄列老释。不知者谓夫子之徒不足以穷性命之道，信之者皆是也。"此言可总代表宋明道学家讲学之动机。宋明道学家皆认为当时所认为有兴趣的问题，在儒家典籍中，亦可得相当的解答。宋明道学家皆在儒家典籍中寻求当时所认为有兴趣的问题之解答者也。李翱及宋明道学家所说之圣人，皆非伦理的，而为宗教的或神秘的。盖其所说之圣人，非只如孟子所说之"人伦之至"之人，而乃是以尽人伦，行礼乐，以达到其修养至高之境界，即与宇宙合一之境界。盖如何乃能成佛乃当时所认为有兴趣的问题。李翱及宋明道学家之学，皆欲与此问题以儒家的答案，欲使人以儒家的方法成儒家的佛也。

【解读】李翱更进一步说明了儒学复兴的理论动机与问题意识，就是回应佛学的问题。佛学将人与世界整体关联起来，从世界的根本原理的角度，提出了一套完备的解释。儒学自然也需要实现这一点。所以，新儒家开始立足于儒家文本，探寻世界与人性的终极原理，以及如何使道德修养达到与世界合一的至高境界。这与原始儒家将着眼点放在现实生活中大有不同。

及乎北宋，此种融合儒释之新儒学，又有道教中一部分之思想加入。此为构成道学之一新成分。西汉之际，阴阳家之言，混入儒家。此混合产品，即董仲舒等今文经学家之学说。及玄学家起，阴阳之言，一时为所压倒。但同时阴阳家言即又挟儒家一部分之经典，附会入道家之学说，而成所谓道教。阴阳家言，可以与道家学说混合，似系奇事。然《老子》之书，言辞过简，本可与以种种的解释。其中又有"善摄生者，陆行不避兕虎"，"死而不亡者寿""深根固柢，长生久视之道"等言，更可与讲长生不死者以附会之机会。以阴阳家之宇宙观，加入此等希望长生之人生观，并以阴阳家对于宇宙间事物之解释，作为求长生方法之理论，即成所谓道教。自东汉之末，道教大兴。在南北朝及隋唐，道教与佛教立于对等地位，且时互为盛衰。

【解读】新儒学不仅混合了佛学思想，也混合了道教思想。早在西汉时期，阴阳家的思想就与儒家相互作用。以董仲舒为代表的儒家运用阴阳家对自然与社会的统一解释，提出了很多天人相互影响、相互感应的学说，以服务于汉代的统一政治。同时，阴阳家的学说也与道家思想结合，特别是与长生不老的思想关联在一起。以长生不老为核心，道家与阴阳家结合的思想，逐渐发展成了道教。

上述《纬书》中之易说，亦附在道教中，传授不绝。及北宋而此种易说，又为人引入道学中，即所谓象数之学是也。刘牧《易数钩隐图》序云："象者，形上之应。原其本则形由象生，象由数设。舍其数则无以见四象所由之宗矣。""形由象生，象由数设。"天下之物皆形也。有数而后有象，有象而后有形。数为最根本的。上述《易纬》中之易说，虽亦有此倾向，然此倾向至此得有明白的表示。

【解读】第八章就已提到《易纬》，这本书主要讨论自然与社会如何相互感应。在新儒学中，也融入了这种思想。第八章还提到物、象、数的关系。到了北宋，最为抽象的数被视为世界的基础与我们理解世界的起点，通过数字才会衍生出事物的基本类型，通过事物的基本类型才会有具体事物的存在。这样一种建立在抽象思辨之上的概念体系就这样被建立起来了。

上文谓阴阳家之学，有科学之成分。

道教中之思想，亦有可注意者，则道教中至少有一部分人，以为其所作为，乃欲战胜天然。盖有生则有死，乃天然的程序，今欲不死，是逆天而行也。葛洪曰："夫陶冶造化，莫灵于人。故达其浅者，则能役使万物；得其深者，则能长生久视。"（《抱朴子》卷三）俞琰曰："盖人在天地间，不过天地间一物耳。以其灵于物，故特谓之人，岂能与天地并哉？若夫窃天地之机，以修成金液大丹，则与天地相为终始，乃谓之真人。"（《周易参同契发挥》卷三）又引《翠虚篇》云："每当天地交合时，夺取阴阳造化机。"（同上卷五）

"窃天地之机""夺取阴阳造化机""役使万物"以为吾用，以达吾之目的。此其注重权力之意，亦可谓为有科学精神。尝谓科学有二方面，一方面注重确切，一方面注重权力。惟对事物有确切的知识，故能有统治之之权力。道教欲统治天然，而对于天然，无确切的知识（虽彼自以为有确切的知识），故其对于宇宙事物之解释，不免为神话；其所用以统治事物之方法，不免为魔术。然魔术尝为科学之先驱矣。Alchemy（编注：炼金术）为化学之先驱，而道教中炼外丹者，所讲黄白之术（即炼别种物质为金银之术）即中国之Alchemy也。

【解读】道教思想有体现科学精神的成分。科学有两个方面的要求，一个是对事物有确切真实的了解，另一个是需要人发挥操控自然的力量。道教强调通过技术手段来控制人的生命，使人无限地超出自身的限制，从而实现永生，这一点正是对后者的体现。然而人的力量能够得到有效发挥是基于科学能够对事物有真实认知之上的。道教对事物的认知更近于神话故事，因此它的技术就更像魔法。魔法往往是科学的先驱，就像西方的炼金术成了化学的先驱，道教中的炼丹技巧也推动了中国科学的发展。

十
。一

周濂溪、邵康节

【导览】本书勾勒了宋代学术发展的三阶段。本章为萌芽期，集中在其回应佛教、道教挑战的问题意识，并开创了系统完备而高远的宇宙论思想。下一章为成熟期，体现为熟练运用传统儒家资源，对世界作出更具备人文色彩的解释，并对人的本性和情感作出更为精细的思考。最后两章则是鼎盛期，朱子理学与陆王心学并立为宋明理学的最高峰。本章中周濂溪的思想特征为宏阔的宇宙关怀与深邃的思辨构造，邵康节则代表了缜密的理智精神与精巧的易理推演。

引道教中之思想，入道学者，周濂溪、邵康节，其尤著者也。周濂溪，名敦颐（西历1073年卒），作《太极图说》。其图为：

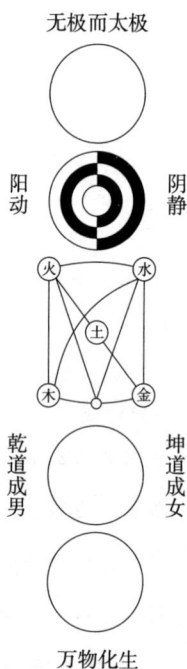

无极而太极

阳动　　　　阴静

乾道成男　　坤道成女

万物化生

《太极图说》云："无极而太极。太极动而生阳，动极而静，静而生阴，静极复动。一动一静，互为其根。分阴分阳，两仪立焉。阳变阴合而生水火木金土，五气顺布，四时行焉。五行一阴阳也，阴阳一太极也，太极本无极也。五行之生也，各一其性。无极之真，二五之精，妙合而凝。乾道成男，坤道成女。二气交感，化生万物。万物生生，而变化无穷焉。惟人也，得其秀而最灵。形既生矣，神发知矣。五性感动，而善恶分，万事出矣。圣人定之以中正仁义（自注：圣人之道，仁义中正而已矣）而主静（自注：无欲故静），立人极焉。"（《全集》

卷一）《易·系辞》云："易有太极，是生两仪。两仪生四象，四象生八卦。八卦定吉凶，吉凶生大业。"此图前段用太极生两仪之说，后则不用八卦而用五行。虽图说末尾赞《易》，而此图则非根据于《易》也。周濂溪盖取道士所用以讲修炼之图，而与之以新解释、新意义。此图说为宋明道学家中有系统著作之一。宋明道学家讲宇宙发生论者，多就此推衍。

【解读】周濂溪的《太极图说》，旨在解释他的太极图。第一个部分指的是世界整体的原初形态与最完满状态，它既是无极（原初没有极点、混沌无分）也是太极（最高顶点、完美至善）。第二个部分指世界的运动变化生成，且此处并无外在的力量推动它，而是太极自身就能够运动。太极的运动会展现出"阳"这种积极、主动的属性，由运动转换到静止会展现出"阴"这种顺从、随动的属性。第三个部分讲的是阴、阳两种属性相互作用，可以生出五行。第四个部分讲的是有了阴阳与五行，就能够有最基本的、生成万物的乾坤两种力量。到了第五个部分，则是万物通过乾坤的交互作用而得到生命的展开。这五个部分对应的是这个世界如何构成、万物如何得到生命的五个概念层次。如果不区分这些层次的话，我们无法对这个世界的根本原理有透彻的理解。在周濂溪看来，只有人具备自然界中最好的能力，才可以获得思维与意识，理解世界运动中的善与恶。而圣人则是能够将人的能力运用到极致，把世界的变化方式与人们生活的终极意义联系在一起，从而奠定人们生活的基本秩序（立人极）。冯友兰认为，在《周易》系统中，阴阳和五行是区分的，本图将阴阳、五行和太极图结合在一起，很可能是道教里修炼所用到的方法，而周濂溪赋予了它新的意义，并以此影响了后代哲学家对宇宙生成过程的理解。

濂溪之太极图，即其象学也。濂溪有象学而无数学。康节则兼有象学及数学。康节名雍（西历1077年卒）。其宇宙论，大概亦即上所引《系辞》推衍，而又以图象明之。蔡元定《经世指要》中有《经世衍易图》：

太阳	太阴	少阳	少阴	少刚	少柔	太刚	太柔
▬	▬▬	▬▬	▬▬	▬▬	▬▬	▬	▬▬

阳		阴		刚		柔	
▬		▬▬		▬		▬▬	

	动				静		
	▬				▬▬		

此图有三层，看第二层（即中层）时，须连第一层（即下层）观之。如"阳"下之"▬"，合"动"下之"▬"为 ═，此即阳之象也。"阴"下之"▬▬"合"动"下之"▬"为 ═，此即阴之象也。看第三层（即上层）时，须连第二

层、第一层观之。如第三层如"太阳"下之"⚊"，合第二层"阳"下之"⚊"，及第一层"动"下之"⚊"，即为一乾卦☰，乾即太阳之象也。如第三层"太阴"下之"⚋"，合第二层"阳"下之"⚊"，及第一层"动"下之"⚊"，即成一兑卦☱，兑即太阴之象也。第三层"少阳"下之"⚊"合第二层"阴"下之"⚋"，及第一层"动"下之"⚊"，即成一离卦☲，离即少阳之象也。如是八卦之次序：乾一、兑二、离三、震四、巽五、坎六、艮七、坤八。

【解读】八卦依次为：乾☰、兑☱、离☲、震☳、巽☴、坎☵、艮☶、坤☷。

康节云："太极不动，性也。发则神，神则数，数则象，象则器。器之变，复归于神也。"（《观物外篇》）太极不动，是性也。发而为动静，是神也。代表两仪之"⚊"及"⚋"，及四象之☰、☷、☳、☶，及八卦之☰、☱、☲、☳、☴、☵、☶、☷，是象也。一、二、四、八等是数也。天、地、日、月、土、石等是器也。康节云："神无方而易无体。滞于一方，则不能变化，非神也。有定体则不能变通，非易也。易虽有体，体者象也。假象以见体，而本无体也。"（《观物外篇》下）"器"即具体的事物，即所谓物也。"器"与"神"不同之处，其一即是"器"是决定的。如此物既是此物，即不能是彼物，所谓"滞于一方"之"定体"也。故易只言象，"假象以见体"。盖象为公式，而具体的事物，则依此等公式以生长进行者也。康节所说之图，皆所以表示事物生长进行之公式者也。

【**解读**】以常识来看，先有具体事物，再有对事物类型的理解，最后才有"数"这种抽象概念。但是从形而上的角度来看，我们只有从最高的理想出发，理解了世界内在的运动变化力量，才能够真正把握具体事物。以太极这个至高完满的概念为起点，一切的具体事物在它的比照之下都是受限制的。由于具体事物的形态已经被确定了，所以它处在固定状态，不能够随意变化。但是，世界的变化总是需要落实到具体事物身上才能够表现出来。所以，上图给出的八卦关系只是事物变化发展的一般规律，具体事物需要按照这个规律来变化发展。

"一分为二，二分为四，四分为八，八分为十六，十六分为三十二，三十二分为六十四。"此数也。一至八之数所生之象，即上图所表示。八至六十四所生之象，若以图表示之，即为六十四卦次序之图（见图一）。若将六十四卦次序图横排之六十四卦自中间断之，复将此两半各折成半圆，更将两半圆，合为一圆，即得六十四卦圆图方位图（见图二）。

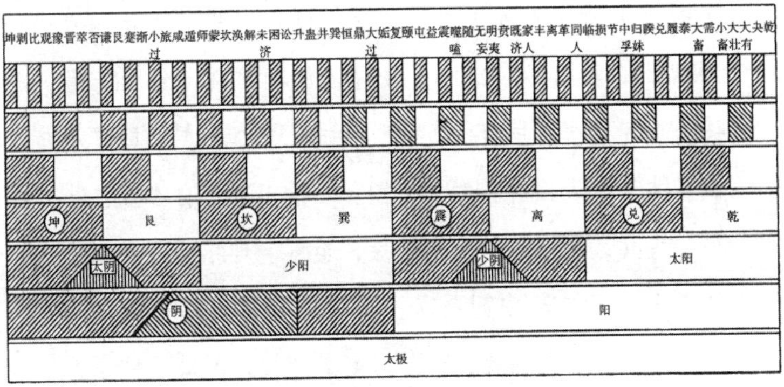

图一：六十四卦次序图

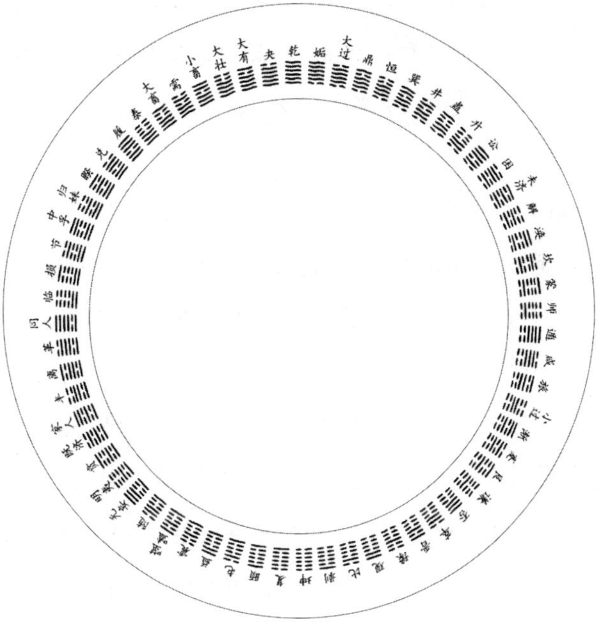

图二：六十四卦圆图方位图

【解读】邵雍先天易学以"加一倍法"解释八卦和六十四卦的生成。八卦的生成过程已如前文《经世衍易图》所示，依据同样的方式继续向上叠加三层，即可形成"先天六十四卦"的"横图"。这一次序自右至左从乾、夬起，中间二卦为复、姤，至剥、坤终。将这个横图从复、姤二卦中间截断，再将两段拼接起来围成圆形，乾卦与姤卦相接，坤卦与复卦相接，就成了"先天六十四卦"的"圆图"。此图中乾、姤居上，坤、复居下。圆图可分为左右两半，左边自复卦至乾卦，三十二卦中共有112个阳爻、80个阴爻，阳爻多于阴爻，故象征阳；右边自姤卦至坤卦，三十二卦中共有112个阴爻、80个阳爻，阴爻多于阳爻，故象征阴。

此圆图为一切事物生长进行之公式。如就一年四时之变化而言，则六十四卦圆图中"复"之初爻，为一阳生，即冬至夜半子时也。阳东行至南方之"乾"，即于时为夏。此时阳极盛，而阴亦即生矣。此图中"姤"之初爻，即为一阴生，于时即夏至也。阴西行至北方之"坤"，即于时为冬。此时阴极盛，而阳亦即又生矣。此即汉人所为卦气之说，而汉人所说十二辟卦，亦恰皆依序排列。所谓十二辟卦者，《易纬·稽览图》以复、临、泰、大壮、夬、乾、姤、遁、否、观、剥、坤十二卦为十二月主卦，称"天子卦"，亦称"辟卦"，"辟"亦"君"也。所以以此十二卦为十二月之主卦者，六十四卦中，上五爻皆阴，独下一爻为阳者为"复卦"☰☰。上四爻皆阴，下二爻为阳者为"临卦"☷☱。上三爻皆阴，下三爻为阳者为"泰卦"☷☰。上二爻皆阴，下四爻为阳者为"大壮卦"☳☰。上一爻为阴，下五爻为阳者为"夬卦"☱☰。六爻皆阳者为"乾卦"☰☰。上五爻皆阳，下一爻为阴者为"姤卦"☰☴。上四爻皆阳，下二爻为阴者为"遁卦"☰☶。上三爻皆阳，下三爻皆阴者为"否卦"☰☷。上二爻为阳，下四爻为阴者为"观卦"☴☷。上一爻为阳，下五爻皆阴者为"剥卦"☶☷。六爻全阴者为"坤卦"☷☷。若以此十二卦分配于十二月：以"复卦"当十一月，以"乾卦"当四月，以"姤卦"当六月，以"坤卦"当十月，则十二月中阴阳盛衰之象，显然可见。故以此十二卦为"辟卦"，表示一年中阴阳消长之象。就一事物之成毁言，以一花为例，"复"为花之始欲开，"乾"为盛开，"姤"为花之始于谢，而"坤"则为花之谢。一切事物有成即有毁，有盛即有衰，皆依此公式进行也。

【解读】先天六十四卦圆图通过卦中的阴阳爻的变化来表示自然界的生长运行，阳从复卦始生，阴从姤卦始生。复卦代表阴气最盛之时，阳气自下生出，万物的生机还未显露但亦潜藏，对应一年中的冬至。从复卦顺时针上行至乾卦，阳气逐渐积累盛大，而阴气随即在姤卦处产生。姤卦代表阳气最盛之时，阴气开始生长，生机达到极点开始转向肃杀，对应一年中的夏至。自姤卦顺时针下行至坤卦，阴气逐渐汇集达到最盛，而阳气又随即在复卦处萌发。汉代易学以"复""临""泰""大壮""夬""乾""姤""遁""否""观""剥""坤"十二卦代表一年中的十二个月份，每卦对应着各自的时节与物候，十二卦的卦象呈现出阴阳消长进退的清晰规律。这十二卦被称为"十二辟卦"，"辟"为君主之意，是说十二卦分别为十二月之主。这本来是汉代"卦气学"中的重要理论，而在邵雍的先天易学中也得到了延续。在"先天六十四卦圆图"中，这"十二辟卦"的排列顺序没有被打乱，而是被保留下来，成为阴阳消长的象征。

十一。———

张横渠及二程

【导览】今天我们一般将宋明哲学分为气学、心学、理学三个流派。气学的主要代表是张载，其思想出发点是变动不息的物质世界，精神追求为"民胞物与"、天下一家。程明道（大程）与程伊川（小程）虽然是兄弟，但是思想气质大有不同。大程的思想侧重人与万物相互感同的整体性，开启了后世的心学流派。小程的思想则侧重人内心对天理的尊敬与知识的逐步积累，进而开启了理学流派。

与周、邵同时而略后者，有张横渠及程明道、程伊川兄弟。横渠名载（西历1077年卒），其学以气为万物之本体。在其散而未聚之状态中，此气即所谓太虚。故横渠谓："太虚无形，气之本体。"（《正蒙·太和篇》）又云："气之聚散于太虚，犹冰凝释于水。知太虚即气则无无。"（同上）吾人所见空若无物之太虚，实非无物，不过气散而未聚耳，无所谓无也。故曰："知太虚即气则无无。"气中所"涵浮沉升降动静相感之性"（《太和》），简言之，即阴阳二性也。一气之中，有此二性，故横渠云："一物两体，气也。一故神，两故化。"（《正蒙·参两篇》）一气之中，有阴阳二性，故为"一物两体"。当其为"一"之时，"则清通而不可象为神"（《太和》）。所谓"一故神"也。因其中有阴阳此二性，故"生氤氲相荡，胜负屈伸之始"（《太和》）。氤氲相荡，即二性之表现也。"二"既表现，则氤氲相荡，聚而为万物。所谓"两故化"也。横渠又云："气坱然太虚，升降飞扬，未尝止息，《易》所谓氤氲，庄生所谓生物以息，相吹野马者欤？此虚实动静之机，阴阳刚柔之始。浮而上者阳之清，降而下者阴之浊。其感遇聚散，为风雨，为雪霜。万品之流形，山川之融结，糟粕煨烬，无非教也。"（同上）气中有阴阳可相感之二性，故气即不能停于太虚之状态中，而"升降飞扬，未尝止息"。其涵有二性之气，"氤氲相荡"，或胜或负，或屈或伸。如其聚合，则即能为吾人所见而为物。气聚即物成，气散即物毁。横渠云："气聚则离明得施而有形。气不聚则离明不得施而无形。方其聚也，安得不谓之客？方其散也，安得遽谓之无？故圣人仰观俯察，但云知幽明之故，不云知有无之故。"（同上）离为目，离明得施者，即吾人目之明所能见者。气聚则能为吾人所见而为有形；气散则不能为吾人所见而为无形。气聚为万物；万物乃气聚之现象。以气聚散不定，故谓之为"客形"。所谓"太虚无形，气之本体，其聚其散，变化之客形尔"（同上）。横渠之伦理学，或其所讲修养之方法，注重于除我与非我之界限而使个体与宇宙合一。横渠云："大其心则能体天下之物。物有未体，则心为有外。世人之心，止于闻见之狭。圣人尽性，不以闻见梏其心。其视天下，无一物非我。孟子谓尽心则知性知天以此。天大无外，故有外之心，不足以合天心。"（《正蒙·大心篇》）以个体之我为我，其余为非我，即以"闻见梏其心"者也。圣人破除此梏，以天下之物与己为一体，即"能体天下之物"者也。"其视天下，无一物非我"，即破除我与非我之界限，以我及其余之非我为一，亦即以全宇宙为一大我。天大无外；我之修养若至此境界，则我与天合而为一矣。横渠又云："性者，万物之一源，非有我之得私也。惟大人为能尽其道。是故立必俱立，知必周知，爱必兼爱，成不独成，彼自蔽塞而不知顺吾理者，则亦未如之何矣。"（《正蒙·诚明篇》）此以"爱之事业"之功夫，破除"我"之蔽塞，而达到万物一体之境界。盖就孟子哲学中神秘主义之倾向，加以推衍也。《正蒙·乾称篇》中有一段，后人所称为《西铭》者，亦发挥此旨。

【解读】张载的哲学又被称为气本论，因为他认为世界归根到底是由气构成的。中国哲学中的气，既有最基本物质单位的含义，又有内在的动力，我们可以简单地将其理解为构成世界最基本的物质性力量。这个世界具备着变化的可能性（太虚），也具备着我们所身处于其间的实在性（气），所以我们的生命始终处于这个真实的世界之中。我们不能因为世界的某一个具体形态发生了改变，就误以为世界是虚幻的；相反地，世界的变化不过是将蕴藏在世界内部的可能性转变为现实，而既有的现实状态重新转变为可能。气的动力来源于内在的阴阳属性。变化所形成的具体形态总是暂时的，但是具体形态背后的变化力量是不被间断的。所以，我们既要勇敢地直面我们所处的真实世界，又要学会把握世界变化的力量来源与可能的方向。与之相关的是张载的伦理学。我们每个人都身处在一个由自己的偶然经验、生活际遇所构成的狭小的世界中，但是我们身处的小世界背后，是蕴含着天地无穷造化的力量的大宇宙。我们需要从我们眼前的生活中，认识到我们的生命与整体宇宙之间的关联，从而突破自己眼下既有的格局。所以，整个世界是相互贯通的，所有人都分享着同一个世界，那么所有人都属于同一个家庭。我们守护自己的生活，也就是守护人类命运的大家庭，同时也是在对我们所处的整个宇宙尽自己的责任。

明道名颢（西历1085年卒）、伊川名颐（西历1107年卒）兄弟二人之学说，旧日多视为一家之学。但二人之学，开此后宋明道学家所谓程朱、陆王之二派，亦可称为理学、心学之二派。程伊川为程朱一派之中坚人物，而程明道则为陆王一派之先驱也。理学、心学之哲学的系统及其所以不同，当于下文中述之，兹仅就修养方法方面述二程之不同。

明道以为吾人实本来与天地万物为一体。不过吾人多执个体以为我，遂将我与世界分开。吾人修养之目的，即在于破除此界限而回复于万物一体之境界。明道云："医书言手足痿痹为不仁，此言最善名状。仁者以天地万物为一体，莫非己也。认得为己，何所不至。若不有诸己，自不与己相干。如手足不仁，气已不贯，皆不属己。故博施济众，乃圣人之功用。"（《遗书》卷二上）宇宙乃一生之大流，乃一大仁。人之有仁之德者，即能以天地万物为一体者也。至所以达此境界之方法，明道云："学者须先识仁，仁者浑然与物同体，义礼智信皆仁也。识得此理，以诚敬存之而已；不须防检，不须穷索。……此道与物无对，大不足以明之。天地之用，皆我之用。孟子言万物皆备于我，须反身而诚，乃为大乐。若反身未诚，则犹是二物有对，以己合彼，终未有之，又安得乐？……必有事焉，而勿正，心勿忘，勿助长，未尝致纤毫之力，此其存之之道。……此理至约，惟患不能守。既能体之而乐，亦不患不能守也。"（《遗书》卷二上）吾人但知天地万物本与我为一体，"识得此理"之后，即常记而不忘。一切行事，皆本此心作之，此即所谓以"诚敬存之"，亦即所谓"必有事焉"。只此久而久之，自可达到万物一体之境界。此外更不必防检，不必穷索。再有防检穷索，即是"助长"。有心求速效之心仍是私心，仍须除之。只"必有事焉"，勿忘之，亦勿助之。此外不致纤毫之力。久之自能达到万物一体之境界。此实"至约"之方法也。

【解读】大程子的出发点在于人和天地万物本来就是一个整体。我们能够感受到自己身体的知觉痛痒，那么也应该能感受到这个世界其他人和物的知觉痛痒。如果感受不到，那就如同自己的肢体失去知觉那样"麻木不仁"了。但是，我们不能光在头脑中知道万物一体的道理，我们还需要使自己的修养达到这个境界。这种修养的具体方法，就是将它时时刻刻记在心里，做事的时候都依照着它。除此之外，没有其他方法，也不需要揠苗助长，急于求成。这个方法虽然是最为基本、最为简单的，也是唯一的、最有效的。

行此功夫之久，心空虚如明镜。一物之来，其形容状态，镜中之影，各如其状。镜虽不废照物，而其本身不动。吾人之心之应外物，亦应如此。明道《答张横渠书》云："夫天地之常，以其心普万物而无心；圣人之常，以其情顺万物而无情。故君子之学，莫若廓然而大公，物来而顺应。……人之情各有所蔽，故不能适道，大率患在于自私而用智。自私则不能以有为为应迹，用智则不能以明觉为自然。……圣人之喜，以物之当喜；圣人之怒，以物之当怒；是圣人之喜怒，不系于心，而系于物也。"（《明道文集》卷三）

【解读】这种功夫达到的效果，就是让内心像镜子一样。一般人的问题，在于总是动用自己的小心思、小聪明，这就破坏了我们与世界的整体联系，没办法与真实的世界融为一体。但是经过修养之后，人的内心如同镜子一样干净，所有事物的真实状态都可以直接呈现在我们的心中，这样我们才能够突破自己的小界限，与世界合为一体。

庄子谓："至人之用心若镜，不将不迎，应而不藏，故能胜物而不伤。"道学家亦谓吾人之"用心"应如此。不过道家心所应之物，不包情感在内。道家应付情感之方法，乃以理化情，圣人无情感。道学家主张情感可有，但吾人有情感之时，应以情感为非我有。见可喜可恶之事，圣人亦有喜怒之情感。但非圣人喜怒，乃其事可喜可怒也。惟其如此，故其事既过去，圣人喜怒之情感亦亡。此颜回所以能不迁怒也。若常人则自有其怒，故可怒之事既去，而仍有怒心，见不可怒者亦怒之。此所谓迁怒也。其所以迁怒，即因其不能"情顺万物而无情"也。

【解读】庄子也认为圣人的心要像镜子一样。但是，道家旨在用普遍的理智来化解偶然的情感，归根到底是要否认人们情感的意义与作用。宋明新儒家重视情感，他们反对的仅仅是把情感视为只属于自己的。在他们看来，合理的情感并不是出于私心，而是人们与世界相关联时获得的自然而然的反应。以发怒为例，如果我们见到了社会上的邪恶与不公，当然可以对之发怒；但是如果因为自己生活的不顺心，就朝别人随便发火，这就是不对的。圣人将这种状态做到了极致，所以能够让感情顺应万物自然发展，自己不存任何私情。

伊川所说之修养法，注重穷理。伊川云："涵养须用敬，进学则在致知。"（《遗书》卷十八）涵养须用敬，明道亦如此说，但明道须先"识得此理"，然后以诚敬存之。此即后来陆王一派所说"先立乎其大者"者也。伊川则一方面用敬涵养，勿使非僻之心生，一方面须今日格一物，明日格一物，以求"脱然自有贯通处"（《遗书》卷十八）。此说朱子发挥之。当于下文，更如详论。今所须注意者，即以后道学家中所谓程朱、陆王二大派，实以程氏弟兄分启其端。

【解读】与大程子不同，小程子的修养方法，既强调保持内心对天理的尊敬，也强调我们需要不断获取知识来取得进步。大程子强调的是把握最根本的原理，时时刻刻遵循它不至于遗忘或中断。这与心学的气质和立场相近。小程子则强调逐步学习，知识逐渐积累带来境界的提升，而后才能够融会贯通，达到整体的境界。在下一章讨论朱熹的时候，我们可以更进一步看到这种思想的展开。

十二。————

朱子

【导览】朱熹的思想，融合了北宋诸多哲学家的结晶，开创了中国哲学的新高峰。冯友兰本人不仅是哲学史家，更是具有创造性的哲学家，其核心著作《贞元六书》即是在朱熹理学基础之上，融合西方哲学传统与当时哲学前沿所进行的创造性转化。所以，作为哲学家的冯友兰在讨论哲学史上的朱熹时，独具慧眼而精义迭出。

朱子名熹（西历1200年卒），其学系以周濂溪之《太极图说》为骨干，而以康节所讲之数，横渠所说之气，及程氏弟兄所说形上形下及理气之分融合之。故朱子之学，可谓集其以前道学家之大成也。关于形上之道与形下之器之分，朱子云："凡有形有象者，即器也；所以为是器之理者，则道也。"（《与陆子静书》，《文集》卷三十六）所谓道，即指抽象的原理或概念；所谓器，即指具体的事物。故朱子云："形而上者，无形无影是此理。形而下者，有情有状是此器。"（《语类》卷九十五）又云："无极而太极，不是说有个物事，光辉辉地在那里。当初皆无一物，只有此理而已。……惟其理有许多，故物有许多。"（《语类》卷九十四）以现在哲学中之术语言之，则所谓形而上者，超时空而潜存（Subsist）者也；所谓形而下者，在时空而存在（Exist）者也。超时空者，无形象可见。故所谓太极，"不是说有个物事，光辉辉地在那里"。此所谓"无极而太极"也。朱子云："无极而太极，只是说无形而有理。"（《语类》卷九十四）

【解读】"形而上"与"形而下"是何意？从字面来看，"形"指的是有形的事物，"形而上"指的是超越于有形事物之上，"形而下"指的是具体的有形事物的总和。所以，朱熹将形而上的事物界定为"理"，也就是原理、道理或概念；形而下的事物界定为"器"，也就是一般的具体事物。在朱熹看来，道理并不是凭空而来的，而是这个世界本身就有的。所以，形而上的道理在没有落实到具体事物之前，它只是以潜在的形态存在于世界中。等到形而下的事物出现时，形而上的道理也就随之实现出来、依附在形而下的事物之中。何谓"无极而太极"？"无极"单就形下世界而言，是一种混沦无分、没有极点的状态且没有任何具体事物出现；"太极"则是就形上世界而言，是一种完美至善的状态，形而上的道理在其中展现为一个整体。

"惟其理有许多，故物有许多。"无此理则不能有此物也。朱子云："做出那事，便是这里有那理。凡天地生出那物，便是那里有那理。"（《语类》卷一百一）不仅天然之物各有其理，即人为之物亦各有其理。朱子云："天下无性外之物。阶砖便有砖之理，竹椅便有竹椅之理。"（《语类》卷四）天下之物，无论其是天然的或人为的，皆有其所以然理，其理并在其物之先。朱子云："若在理上看，则虽未有物而已有物之理。然亦但有其理而已，未尝实有是物也。"（《答刘叔文》，《文集》卷四十六）如尚未有舟车之时，舟车之理或舟车之概念已先在。然其时只有概念而无实例，所谓"但有其理而已，未尝实有是物也"。所谓发明舟车，不过发现舟车之理而依之以作出实际的舟车，即舟车之概念之实例而已。故凡可能有之物，无论其是天然的或人为的，在形而上之理世界中，本已具有其理。故形而上之理世界，实已极完全之世界也。

【解读】为什么说理在物先？世界上万事万物都有理，不仅是自然之物，人为之物也有。道理并不依赖于具体事物就存在于世界之中，但是具体事物总是有着某个道理，所以道理的优先性、重要性是在具体事物之前。从这种视角来看，所有道理的集合构成的形而上的世界，当然是最为完备的、蕴含所有可能性的世界。

一事物之理，即其事物之最完全的形式，亦即其事物之最高的标准，此所谓极也。《语录》云："事事物物，皆有个极，是道理极至。蒋元进曰：'如君之仁，臣之敬，便是极。'先生曰：'此是一事一物之极。总天地万物之理，便是太极。太极本无此名，只是个表德。'"（《语类》卷九十四）太极即天地万物之理之总和，而亦即天地万物之最高标准也。朱子云："太极只是个极好至善的道理。……周子所谓太极，是天地人物万善至好的表德。"（《语类》卷九十四）

【解读】理与具体事物关系如何？每个事物所蕴含的道理，给这个事物赋予了最完美的可能性，也就是它的极点。对于任何一个具体事物而言，虽然它之中蕴含着道理，但毕竟不是直接展现道理本身。所以，相对于道理，事物本身就相形见绌了。

由此而言，则太极即如柏拉图所谓好之概念，亚里士多德所谓上帝也。

每一事物，不但具有此事物之所以然之理，其中且具太极之全体。朱子云："人人有一太极，物物有一太极。"（《语类》卷九十四）又云："盖统体是一太极。然又一物各具一太极。"（《语类》卷九十四）

由此而言，则一切事物中，除其自己之所以然之理外，且具太极，即一切理之全体。太极在一切物中，亦"不是割成片去，只如月印万川相似"。（《语类》卷九十四）此与华严宗所谓因陀罗网境界之说相似。朱子想亦受其说之影响。不过彼所谓因陀罗网境界，乃谓一具体的事物中，含有一切具体的事物，所谓"一即一切，一切即一"。此则谓一具体的事物，具有一太极，即一切事物之理。一切事物之理，并非一切事物也。

【解读】每个事物各有其道理，但是它们之间并非彼此无关。相反，将每个道理联系在一起的，是全部道理所形成的一个完备的道理系统，即"太极"。离开这个完备的道理系统，就没有任何一个单独存在的道理。所以，太极在一切事物之中。朱子与华严宗的不同之处在于，前者明确区分了形而下的具体事物与形而上的理，后者的"一切"与"一"都指的是具体事物。

形而上之理世界中只有理。至于此形而下之具体的世界之构成，则赖于气。理即如希腊哲学中所说之形式（Form），气即如希腊哲学所说之材质（Matter）也。朱子云："天地之间，有理有气。理也者，形而上之道也，生物之本也；气也者，形而下之器也，生物之具也。是以人物之生，必禀此理，然后有性；必禀此气，然后有形。"（《答黄道夫书》，《文集》卷五十八）又云："盖气则能凝结造作；理却无情意，无计度，无造作。只此气凝聚处，理便在其中。且如天地间人物草本鸟兽，其生也莫不有种，定不会无种子白地生出一个物事。这个都是气。若理则只是个净洁空阔的世界，无形迹，他却不会造作。气则酝酿凝聚生物也。"（《语类》卷一）理世界为一"无形迹"之"净洁空阔的世界"。理在其中，"无情意，无计度，无造作"。此其所以为超时空而永久（Eternal）也。此具体的世界为气所造作。气之造作，必依理。如人以砖瓦木石建造一房。砖瓦木石虽为必须，然亦必须先有房之形式，而后人方能用此砖瓦木石以建筑此房。砖瓦木石，形下之器，建筑此房之具也；房之形式，形上之理，建筑此房之本也。及此房成，而理即房之形式，亦在其中矣。

【解读】何谓"气"？形上世界单纯是"理"，但人们毕竟生活在形下世界之中。具体事物的形态，以及其运动变化发展所需要的材质，都有赖于"气"。以房屋为例，建造房屋所需要的砖块，类似于作为材质的"气"；但房屋之所以成为房屋，能够让我们居住于其间，则是需要作为形式、概念的"理"。所以，任意一件房屋总会随着时间而毁坏，"气"作为材质也不是永恒的。但是"房屋"的概念或形式却不会毁坏，所以"理"是永恒的。

依逻辑言，理虽另有一世界；就事实言，则理即在具体的事物之中。《语类》云："理在气中发现处如何？曰：如阴阳五行错综不失条绪，便是理。若气不结聚时，理亦无所附着。"
（《语类》卷九十四）气不结聚，则理无所附着，即理不能实现
为具体的物也。具体的物中之秩序条理，即理在气中之发现处。
至于理气为有之先后，朱子云："或问：'必有是理，然后有是
气，如何？'曰：'此本无先后之可言。然必欲推其所从来，则
须说先有是理。'"（同上）盖依事实言，则有理即有气，所谓
"动静无端，阴阳无始"。若就逻辑言，则"须说先有是理"。
盖理为超时空而永存者，气则为在时空而变化者。就此点言，必
"须说先有是理"。

【解读】"理"和"气"是什么关系？区分"理"与
"气"并不意味着存在两个割裂的世界。因为如果没有
材质的话，道理无法具体落实，更无法显现。从经验的
视角来看待二者关系，则有材质的地方就有道理，有道
理的地方也有材质，"理"与"气"不可分割。而从思
考顺序来看，道理可以脱离于具体事物，但是具体事物
离不开道理；道理是永恒的，具体事物是变化的。所以
"理"在"气"先。

太极中有动静之理，气因此理而有实际的动静。气之动者，
即流行而为阳气；气之静者，即凝聚而为阴气。朱子即濂溪《太
极图说》言之云："阳变阴合，而生水、火、木、金、土。阴阳
气也，生此五行之质，天地生物，五行独先。地即是土，土便包

含许多金木之类。天地之间，何事而非五行？五行阴阳七者滚合，便是生物的材料。则寄旺四季。"（《语类》卷九十四）气即生物的材料。具体的物之生，气为材料，理为形式。材料一名，正柏拉图、亚里士多德所谓Matter之意。

【解读】事物的运动变化，并不是材质本身就有的。这一点上，朱熹与张载不同。张载的气是物质性力量，气本身就蕴含力量。但朱熹的气本身没有力量，材质的动力来源于背后的"理"。一般的材质有着阴阳的属性，它们在运动变化中形成了五行，从而生成各种具体事物。

理与气合而成为具体的物。此气中之理，即所谓性也。故不惟人有性，物亦有性。朱子云："天下无无性之物。盖有此物则有此性，无此物则无此性。"（《语类》卷四）

【解读】事物中所蕴含的道理，就是事物的本性。所以，万事万物都有着自己的本性。理气二分的框架由此过渡到"性"的问题上，从而引出下文关于性善、性恶的儒家传统争论。

上文谓一物有一太极。每一物中皆有太极之全体。然在物中，仅其所以为其物之理能表现，而太极之全体所以不能表现者，则因物所禀之气蔽塞之也。此具体的世界中之恶，皆由于此原因。《语类》云："问：'理无不善，则气胡有清浊之殊？'曰：'才说著气，便自有寒有热，有香有臭。'"（卷四）又云："二气五行，始何尝不正。只滚来滚去，便有不正。"（同上）盖理是完全至善的。然当其实现于气，则为气所累而不能完全。如圆之概念本是完全的圆，然及其实现于物质而为一具体圆物，则其圆即不能是一绝对的圆矣。实际世界之不完全，皆由为气所累也。惟气是如此，故即人而言，人亦有得气之清者，有得气之浊者。朱子云："就人之所禀而言，又有昏明清浊之异。"（同上）禀气清明者为圣人，昏浊者为愚人。朱子以为如此说法，可将自孟荀以来儒家所争论之性善性恶问题，完全解决。

【解读】人为何有善恶之分？道理本身是纯善无恶的，但是具体事物并不能把道理完全展现出来。就像我们画圆形一样，无论怎么精准，都无法画出一个真正理想的圆。所以，具体事物由于有着材质，它的道理很可能就被材质给掩盖住了。有的人材质好，能够展现出的道理多，那么他就是好人。有的人材质不好，把道理都掩盖了，他本性中的善良没办法展现出来，所以他成了坏人。

朱子谓："凡人之能言语、动作、思虑、营为，皆气也。"（同上）《语录》又云："问：'知觉是心之灵固如此，抑气之为耶？'曰：'不专是气，是先有知觉之理。先聚成形，理与气合，便能知觉。譬如这烛火是因得这脂膏，便有许多光焰。'"（《语类》卷五）一切事物，皆有其理，故知觉亦有知觉之理。然知觉之理，只是理而已。至于知觉之具体的事例，则必"理与气合"，始能有之。盖一切之具体的事物，皆合材料与形式而成者也。理必合气，方能实现，如烛火之必依脂膏。吾人之知觉思虑，既皆在此具体的世界之中，故皆是气与理合以后之事也。吾人之知觉思虑，即所谓灵处，"灵处只是心，不是性。性只是理"（同上）。盖心能有具体的活动，理不能如此也。

朱子又论心、性与情之关系云："性、情、心，惟孟子说得好。仁是性，恻隐是情，须从心上发出来。心统性、情者也。性只是合如此底，只是理，非有个物事。若是有底物事，则既有善，必有恶。惟其无此物，只有理，故无不善。"（《语类》卷五）性非具体的事物，故无不善。情亦是此具体的世界中之事物，故须从心上发出。性为气中之理，故亦可谓为在于心中。所以谓"心统性、情"也。朱子又论心、性、情与才之关系云："才是心之力，是有气力去做底；心是营摄主宰者，此心所以为大也，心譬水也，性水之理也。性所以立乎水之静，情所以行乎水之动，欲则水之流而至于滥也。才者水之气力，所以能流者。然其流有急有缓，则是才之不同。伊川谓性禀于天，才禀于气，是也。只有性是一定，情与心与才，便合着气了。"（《语类》卷五）凡人所禀之理皆同，故曰："只是性有一定。"至于气，则有清浊之不同，故在此方面，人有各种差异也。"欲则水之流而至于滥也"，理学家以欲与理，或人欲与天理，对言，详下。

【解读】如何用理气关系解释人的思想与行动？人与他物的不同之处在于，除了身体参与到世界之中外，人还有灵动的心，它有着主动的力量，能够将理与气统合起来。那么，人的主动力量究竟如何发挥呢？人的思想有三个基本层次。首先，是人的本性，它是纯粹与道理相关的。其次，是人的情感，它是与具体事物关联在一起、更多受材质支配的。最后，是人的心，它是独属于人的，人用心的主动性力量，将本性与情感统合在一起来面对具体事物。当我们看到孩子将要掉到井里时，我们感受到同情，这是处境给我们情感上带来的刺激；但我们之所以会有同情，归根结底是因为我们有着善良的本性；我们需要主动地将善良的本性与瞬间的情感结合在一起，来让我们明确知道这个处境的危险，并给我们去帮助这个孩子的动力。落实到具体的行动上，人们需要身体的材质力量来行动，也需要心主宰人们的行动。但是，无论人们的材质力量如何，人们的善良本性都是一样的，差别仅仅在材质的区分上。

在客观的理中，存有道德的原理。吾人之性，即客观的理之总合。故其中亦自有道德的原理，即仁、义、礼、智是也。吾人之性中，不但有仁、义、礼、智，且有太极之全体。但为气禀所蔽，故不能全然显露。所谓圣人者，即能去此气禀之蔽，使太极之全体完全显露者也。朱子云："圣人千言万语，只是教人存天理，灭人欲。……人性本明，如宝珠沉溷水中，明不可见。去了溷水，则宝珠依旧自明。自家若知得是人欲蔽了，便是明处。只是这上便紧著力主定，一面格物，今日格一物，明日格一物，正如游兵攻围拔守，人欲自销铄去。所以程先生说敬字，只谓我自有一个明底事物在这里，把个敬字抵敌，常常存个敬在这里，则人欲自然来不得。"（《语类》卷十二）人得于其理而后有其性，得于其气而后有其形。性为天理，即所谓"道心也"。而因人之有气禀之形而起情，其"流而至于滥"者，则皆人欲，即所谓"人心"也。人欲亦称私欲。就其为因人之为具体的人而起之情之流而至于滥者而言，则谓之人欲；就其为因人之为个体而起之情之流而至于滥者而言，则谓之私欲。天理为人欲所蔽，如宝珠在浊水中。人欲终不能全蔽天理，即此知天理为人欲所蔽之知，即是天理之未被蔽处。即此"紧著力主定"，努力用功夫。功夫分两方面，即程伊川所谓用敬与致知。只谓我自有一个明底事物，心中常记此点，即用敬之功夫也。所以须致知者，朱子云："所谓致知在格物者，言欲致吾之知，在即物而穷其理也。盖人心之灵，莫不有知，而天下之物，莫不有理。惟于理有未穷，故其知有不尽也。是以大学始教，必使学者即凡天下之物，莫不因其已知之理而益穷之，以求至乎其极。至于用力之久，而一旦豁然贯通焉。则众物之表里精粗无不到，而吾心之全体大用，无不明矣。"（《大学章句·补格物传》）"格，至也；物，犹事也。穷至事物之理，欲其极处无不到也。"（《大学章句》）此朱子格物之说，大为以后陆王学派所攻击。陆王一派，以此功夫为支离。然就朱子之哲学系统整个观之，则此格物之修养方法，自与其全系统相协和。盖朱子以天下事物，皆有其理，而吾心中之性，即天下事物之理之全体。穷天下事物之理，即穷吾性中之理也。今日穷一性中之理，明日穷一性中之理。多穷一理，即使吾气中之性多明一点。穷之既多，则有豁然顿悟之一时。至此时则见万物之理，皆在吾性中。所谓"天下无性外之物"。至此境界，"则众物之表里精粗无不到，而吾心之全体大用无不明矣"。用此修养方法，果否能达到此目的，乃另一问题。不过就朱子之哲学系统言，朱子固可持此说也。

【解读】人该如何修养精进？前文提到，每一个具体事物中都蕴含着全部的道理系统。那么对人来说，每一个人的人性中都凝结着全部的价值。所以，修养的核心问题，集中在如何克服材质给人们带来的干扰，让人们展现出本性中具备的全部价值。从修养过程来看，材质不可能完全遮蔽一个人的本性。人的本性总会在特定时刻展现出来，所以人们的修养就要抓住这些时刻，来努力用功。修养的功夫有两个方面，前面说的这种努力抓住、操持不放，就是所谓的"居敬"。另一方面则是认识的过程，需要从生活中的细节处出发，对单个事物进行完备的认识，而后才能够逐渐认识到整个系统的内在关联，最终实现飞跃，把握住全部道理的贯通之处。虽然陆王心学一派对这一观点提出质疑，认为它是无法实现的。但是从理论内部着想，朱熹的理论是可以自圆其说的。

十三 ◦ ——

陆象山、王阳明

【导览】程朱理学侧重于理智的分辨，致力于构建超拔于现实世界之上的严整规范的道理世界。心学则侧重于情感的统合，从人心深处原初的、纯善的直觉出发，在现实世界中体悟并创造价值。在心学内部，王阳明进一步发扬了陆象山对本体与功夫的思考；在心学与理学之间，两种思路的争锋与互补展现出中国哲学的深密与丰厚。

与朱子同时而在道学中另立心学一派者为陆象山。象山名九渊（西历纪元1139年—1193年），其学以为"宇宙便是吾心，吾心便是宇宙"（《年谱》）。只须一任其自然，此心自能应物而不穷。象山云："《诗》称文王，'不识不知，顺帝之则'。康衢之歌尧，亦不过如此。《论语》之称舜禹曰：'巍巍乎！有天下而不与焉。'人能知'与焉'之过，无'识''知'之病，则此心炯然，此理坦然，物各付物，'会其有极，归其有极'矣。"（《与赵监第二书》，《全集》卷一）此与明道《定性书》之意正同。《定性书》以为苟不自私而用智，则吾人之心，即"廓然而大公，物来而顺应"。象山所谓"与焉之过"，即自私也。所谓"识知之病"，即用智也。所谓"此心炯然，此理坦然，物各付物"，即"廓然而大公，物来而顺应"也。

【解读】如何理解"宇宙便是吾心，吾心便是宇宙"？这里的"心"指人们鲜活的感受与思考的能力。宇宙就是我的心，意味着这个世界都是活泼泼的，和我们所能感受到的内心一样，充满着意义与价值。我的心就是宇宙，意味着我们的内心需要向世界万物敞开，让整个世界都容纳在自己的思想与情感之中。这种心灵与世界的相互渗透就是人与宇宙相关联的最根本、最自然的状态。而人们一旦动用自己的小心思、小聪明，就违背了这种万物一体的状态。所以，我们要保持内心的明亮与思想的坦然，让事物回归自然的状态。

象山之弟子杨慈湖，以为"直则为心，支则为意"（《绝四记》）。如孟子所谓："今人乍见孺子将入于井，皆有怵惕恻隐之心。非所以纳交于孺子之父母也。非要誉于乡党朋友也。非恶其声而然也。"乍见孺子将入于井，吾人对此情形之第一反应，即为有怵惕恻隐之心。本此心而往救之，则自发心以至于行为，皆是"直"而为心。若于此时稍一转念，为欲纳交于孺子之父母，而往救之，或欲要誉于乡党朋友而往救之，或因其与其父母有仇而特不救之。经此转念，则即"曲"而为"意"矣。道学家所谓初念是圣贤，转念是禽兽，即此意也。任心直往，则随感而应。则其中无"自私""用智"之余地，所谓"廓然而大公，物来而顺应"也。

【解读】什么是"心"的自然状态呢？简而言之，就是人在某个处境下的直觉想法。而一旦自己多想了几层，动用了私意，那就成了主观意识作用的结果，不合乎人的直觉本能。就像看见小孩子要掉到井中，人顺应同情的本能便会出手相救。一旦开始考虑救下这个孩子的利益问题，那就与"心"相背离了。

一般人之论朱陆异同者，多谓朱子偏重道问学；象山偏重尊德性。此等说法，在当时即已有之。然朱子之学之最终目的，亦在于明吾心之全体大用。此为一般道学家共同之目的。故谓象山不十分注重道问学可；谓朱子不注重尊德性不可。且此点亦只就二人之为学或修养之方法上言之，究竟朱陆之不同，是否即仅在其所讲为学或修养方法之不同；此一极可注意之问题也。

【解读】冯友兰指出，以偏重对具体知识的学习（道问学）还是偏重对道德整体的敬重（尊德性）来讨论朱子与陆象山的异同是不够的。而且朱子并没有忽视对于道德的追寻，因为他思想的最终目的还是要彰显人之心灵的全部功用。朱子和陆象山的差别，还体现在更本质的方面。

就上所述观之，朱子之学，尚非普通所谓之唯心论，而实近于现在所谓之实在主义。吾人若注意此点，即可见朱陆之不同，实非只其为学或修养方法之不同。二人之哲学，根本上实有差异之处。朱子言性即理，象山言心即理（《与李宰第二书》，《全集》卷十二）。此一言虽只一字之不同，而实代表二人哲学之重要的差异。盖朱子以心乃理与气合而生之具体物，与抽象之理完全不在同一世界之内。心中之理，即所谓性；心中虽有理而心非理。故依朱子之系统，实只能言性即理，不能言心即理也。象山言心即理，并反对朱子所说心性之区别。如《语录》云："伯敏云：'性、才、心、情，如何分别？'先生云：'如吾友此言，又是枝叶。虽然此非吾友之过，盖举世之蔽。今之学者，读书只是解字，更不求血脉，且为情、性、心、才，都只是一般物事，言偶不同耳。……若必欲说时，则在天者为性，在人者为心。此盖随吾友而言，其实不必如此。'"（《全集》卷三十五）依吾人所观察，则朱子所说性与心之区别，实非"只是解字"。盖依朱子之观点，实在上本有与此相当之区别也。象山虽亦以为可说"在天为性，在人为心"，而又以为系"随吾友而言，其实不必如此"。"都只是一般物事，言偶不同耳。"盖依象山之观点，实在上本无与朱子所说心性区别相当之区别，故说心性只是"一般物事"也。朱陆所见之实在不同。盖朱子所见之实在，有二世界，一不在时空，一在时空。而象山所见之实在，则只有一世界，即在时空者。只有一世界，而此世界即与心为一体，所谓"宇宙便是吾心，吾心便是宇宙"（《年谱》，《全集》卷三十六）也。

【解读】朱子与陆象山之间最本质的差异，在于朱子认为人的本性是道理，而陆象山认为人的心灵是道理。这里面的差别需要进一步分辨。在朱子看来，人的心灵是道理与材质共同塑造的具体事物，并非纯粹的道理。但是在陆象山看来，这将人的感情、本性、心灵和材质都拆散了；用这种拆散的观点看待自己与世界，不免只抓住表面上的分别，而忽视其本质关联。而恰好这种背后的整体关联，才是世界最重要的形态。归结起来，朱子认为世界有着两重形态，一重是纯粹道理构成的世界，另一重是现实的、具体的、与材质相关的世界。但是，陆象山反对将世界分割为二。

象山哲学中，虽只有一世界，而仍言所谓形上形下。至慈湖则直废此分别。慈湖云："又曰：'形而上者谓之道；形而下者谓之器。'裂道与器，谓器在道之外耶？自作《系辞》者，其蔽犹若是，尚何望后世之学者乎？"（《慈湖遗书》卷九）盖所谓形上形下，必依朱子所解释，方可有显著的意义。依朱子之系统，器实与道不在一世界中。此陆派所不能承认。如此则诚宜直指《系辞》所说形上形下为"非孔子之言"（《慈湖遗书》卷七）也。

【**解读**】杨慈湖把他的老师陆象山的思想进一步彻底化。他直接否定了形而上的道理与形而下的器物的区分。因为，对于朱子的二元世界来说，道与器物可区分，但对于陆象山来说，在一个完整的现实世界里，事物的道理是无法脱离其材质而独立存在的。

依上述观之，则朱陆之哲学，实有根本的不同。其能成为道学中之二对峙的派别，实非无故。不过所谓"心学"，象山、慈湖实只开其端。其大成则有待于王阳明，故与朱子对抗之人物，非陆象山、杨慈湖，而为二百五十年后之王阳明。

王阳明名守仁（西历纪元1473年—1529年），其学之主要意思，见于其所著《大学问》一篇。此篇解释《大学》明明德、亲民、止至善之三纲领云："大人者，以天地万物为一体者也。其视天下犹一家，中国犹一人焉。若夫间形骸而分尔我者，小人矣。大人之能以天地万物为一体也，非意之也，是其心之仁本若是其与天地万物而为一也。……明明德者，立其天地万物一体之体也；亲民者，达其天地万物一体之用也。故明明德必在于亲民，而亲民乃所以明其明德也。……至善者，明德、亲民之极则也。天命之性，粹然至善，其灵昭不昧者。此其至善之发见，是乃明德之本体，而即所谓良知者也。至善之发见，是而是焉，非而非焉，轻重厚薄，随感随应，变动不居，而亦莫不有天然之中；是乃民彝物则之极，而不容少有拟议增损于其间也。少有拟议增损于间，则是私意小智，而非至善之谓矣。"（《全书》

卷二十六）此亦程明道《识仁篇》之意，但阳明言之，较为明晰确切。象山云："宇宙不曾限隔人，人自限隔宇宙。"不限隔宇宙者，此所谓大人也；限隔宇宙者，此所谓小人也。然即小人之心，亦有"一体之仁"之本心。孟子所谓恻隐之心、是非之心等四端，即此本心之发现，亦即所谓良知也。即此而扩充之、实行之，即是"致良知"也。"明德之本体，即所谓良知"，故明德、亲民，皆是致良知，亦即是致知。"然欲致其良知，亦岂影响恍惚而悬空无实（此指二氏）之谓乎？是必实有其事矣。故致知必在于格物。物者，事也。"（《大学问》）"心之所发便是意……意之所在便是物。如意在于事亲，即事亲便是一物。……意在于仁民爱物，即仁民爱物便是一物。意在于视听言动，即视听言动便是一物。"（《传习录》上）"格者，正也。正其不正以归于正也。正其不正者，去恶之谓也。归于正者，为善之谓也。"（《大学问》）良知乃"天命之性，吾心之本体，自然灵昭明觉者也。凡意念之发，吾心之良知，无有不自知者。其善欤，惟吾心之良知自知之；其不善欤，亦惟吾心之良知自知之"（同上）。吾人诚能"于良知所知之善恶者，无不诚好而诚恶之，则不自欺其良知，而意可诚也已"（同上）。不自欺其良知，即实行格物、致知、诚意、正心，亦即实行明明德也。格之既久，一切"私欲障碍"皆除，而明德乃复其天地万物一体之本然矣。此王阳明所谓"尧舜之正传"，"孔氏之心印"（《大学问》）也。

【解读】王阳明思想的核心主旨，表达在他的《大学问》之中。他心目中的理想人格，是能够与天地万物成为一体。之所以能够这样，是因为心灵的本来面貌就是天地万物为一体的状态。人们从自己的善良本心出发，不断地按照它去行动，把它运用到生活之中。人的善良本心就是"良知"，人们在生活中对它的运用，就是"致良知"。所以，人的心灵与世界整体之间有着两个层面上的关联。从自然状态来看，人的善良本心总是与世界整体关联在一起。从现实状态来看，我们需要将这种善良本心的潜在能力不断地展现出来，让它真真切切地进入到社会与自然之中，从而使得这个世界能够真正连接成一个整体。这个过程需要我们不断打破自己的自私，不断展现自己的善良本心。

依上所引《大学问》，可见阳明之学彻上彻下"致良知"三字，实即可包括之。所以阳明自四十三岁以后，即专以"致良知"训学者。以言简易直截，诚简易直捷矣。其所说格物致知之义，实与朱子不同。在二家学说，各就其整个观之，则二家之不同，仍是上所述理学与心学之不同也。阳明自言其自己之学与朱子之学不同之处云："朱子所谓格物云者，在即物而穷其理。即物穷理，是就事事物物上求其所谓定理是也。是以吾心而求理于事事物物之中，析心与理而为二矣。……若鄙人所谓致知格物者，致吾心之良知于事事物物也。吾心之良知，即所谓天理也。致吾心良知之天理于事事物物，则事事物物皆得其理矣。致吾心之良知者，致知也。事事物物皆得其理者，格物也。是合心与理而为一者也。"（《答顾东桥书》）朱子以为人人具一太极，物物具一太极。太极即众理之全体，故吾人之心亦"具众理而应万事"。故即物穷理，亦即穷吾心中之理，穷吾性中之理耳。故谓朱子析心与理为二，实未尽确当。惟依朱子之系统，则理若不与气合，则即无心，心虽无而理自常存。虽事实上无无气之理，然逻辑上实可有无心之理也。若就此点谓朱子析心与理为二，固亦未尝不可。依阳明之系统，则必致吾心良知之天理于事事物物，则事事物物皆得其理。依此则无心即无理矣。故阳明云："心即理也。天下又有心外之事，心外之理乎？"（《传习录》上）阳明又云："心之体，性也。性即理也。故有孝亲之心，即有孝之理。无孝亲之心，即无孝之理矣。有忠君之心，即有忠之理，无忠君之心，即无忠之理矣。理岂外于吾心耶？"（《答顾东桥书》）依朱子之系统，只能言性即理，不能言心即理。依朱子之系统，只能言有孝之理，故有孝亲之心，有忠之理，故有忠君之心。不能言有孝亲之心，故有孝之理，无孝亲之心，即无孝之理。依朱子之系统，理之离心而独存，虽无此事实，而却有此可能。依阳明之系统，则在事实上与逻辑上，无心即无理。此点实理学与心学之根本不同也。阳明哲学中，无形上世界与形下世界之分，故其语录及著作中，未见此等名词。

【解读】心学与理学到了王阳明这里有什么进一步的区分？朱子从具体事物出发，寻求不同的道理，实际上是将心灵与道理分成了两个事物。王阳明对此的克服在于，他指出人的心灵本身就是道理，将心中的道理运用到具体事物之上，那么具体事物都能够得到它们各自的道理。所以道理是依赖于心灵的，离开心灵就无所谓道理。以孝敬父母为例，朱子认为，要先有关于孝敬的道理，而后我们才会知道要孝敬父母，并产生孝敬的思想情感与行动。王阳明认为，因为我们先有了孝敬父母的思想情感与行动，并真实地感受到了孝敬父母的迫切动力，这样才会有孝敬的道理；离开了我们的真实感受与行动，就没有所谓的道理。

"天下无心外之物"。所谓恶者，乃吾人情欲之发之过当者。若不过当，即情欲本身，一般人欲亦不是恶。《传习录》云："七情顺其自然之流行，皆是良知之用，不可分别善恶，但不可有所看。七情有看，俱谓之欲，俱为良知之蔽。然才有看时，良知亦自会觉。觉即蔽去，复其体矣。"（《传习录》下）所谓"不可有所看"者，《传习录》又一条云："问有忿懥一条。先生曰：'忿懥几件，人心怎能无得？只是不可有耳。凡人忿懥，着了一分意思，便怒得过当，非廓然大公之体矣。故有所忿懥，便不得其正也。于今于凡忿懥等件，只是个物来顺应，不要着一分意思，便心体廓然大公，得其本体之正了。且如出外见人相斗，其不是的，我心亦怒，然虽怒却此心廓然不会动些子气。如今怒人，亦得如此，方才是正。'"（《传习录》下）所以七情不能有所者，盖"了一分意思，便怒得过当，非廓然大公之体"矣。"圣人之喜，以物之当喜；圣人之怒，以物之当怒。"（程明道《定性书》）非"有"喜怒，即非有意于为喜怒也。圣人之心如明镜，"廓然而大公，物来而顺应"；当喜者喜之，当怒者怒之，而本体虚明，对于所喜所怒之物，毫无沾滞执著，所以亦不为其所累也。若能如此，则虽终日有为，而心常如无为，所谓动静合一者也。

【解读】既然世界是从人的善良本心出发的，那么为什么世界上还会有邪恶呢？王阳明认为，邪恶就是人过分的情感和欲望。一旦人有了执着，动用了私意，那么情感和欲望就会过度，最终偏离心灵的自然状态，产生邪恶。也就是说，只要人能摒除私意，坦然面对世界的真实面貌，自然而然地行动，那么就会不为邪恶所累。

至于清代，一时之风尚转向于所谓汉学。所谓汉学家者，以为宋明道学家所讲之经学，乃混有佛老见解者。故欲知孔孟圣贤之道之真意义，则须求之于汉人之经说。阮元云："两汉经学，所以当遵行者，为其去圣贤最近，而二氏之说，尚未起也。"《汉学师承记序》讲汉人之经学者，以宋明人所讲之道学为宋学，以别于其自己所讲之汉学。

【**解读**】到了清代，学问的主流变成了对于"五经"本身的研习。因为宋明的学问有着空谈玄理的危险，而且受到了佛教和道教思想的影响，所以清代学者想要克服这个弊端，走向踏实、务实的学问。这种学问力图以汉代的学问为楷模，所以清人自居为"汉学"，以区别于擅长思辨的"宋学"。

宋明人所讲之理学与心学，在清代俱有继续的传述者，即此时代中之所谓宋学家也。但传述者亦只传述而已。理学、心学在此时代中，俱无显著的新见解加入。此时代之汉学家，若讲及所谓义理之学，其所讨论之问题，如理、气、性、命等，仍是宋明道学家所提出之问题。其所依据之经典，如《论语》《孟子》《大学》《中庸》等，仍是宋明道学家所提出之四书。就此方面言，则所谓汉学家，若讲及所谓义理之学，仍是宋明道学家之继续者，故兹略焉。

【**解读**】在清代也有继承心学与理学的学者，但是冯友兰认为他们并没有特别显著的创新见解。他们仍然依照着宋明学者提出的问题，沿着宋明学者的旧文本展开讨论，所以在本书中就略去不论了。

附录

中国哲学的特质[1]

在振兴中华、建设有中国特色的社会主义的伟大事业中，有些工作，我们是必须要做的，那就是对中国的文化遗产做一番摸底的工作。过去的中国就好像一个中落了的世家，衰败了，子孙们的生活也就感觉困难了，四邻也都来欺负。但还有家底，中国有五千年的历史，是有家底的，这个家底究竟有多厚，究竟内容都是些什么，一时间也说不清楚。所以需要摸摸底。这个工作，我们以前就在做，各研究机关、各大学都在做这个工作。但是，是不是已经摸着底了，还不敢说，这个底究竟是什么呢，也还不敢说。虽然有些说法，也各不相同，各人有各人的说法。所以，还须做一番综合的研究，再进一步摸摸底。我们讲习班就是要做这个工作的。请大家来，我们一起交换意见。我们这个讲习班的宗旨就是这个，文化书院成立的目的也是这个。

1　载于《论中国传统文化》，中国文化书院讲演录第1集，1988年1月出版。

我先谈谈中国文化的几个特点。

中国文化有一个特点，就是对人的评价很高。人在宇宙中间占了很高的地位，人为万物之灵。中国还有一个说法，就是"人与天地参"，这个"参"就是三，"与天地参"就是人与天地并立为三。所谓"三才"，就是天、地、人。这话在《中庸》里说过，说是可以"赞天地之化育"，才可以与天地参。《荀子》里面也讲过，"天有其时，地有其财，人有其智，夫始能参"。天有四时，地有各种资源，人有其智，也就是人能组织社会，有各种社会制度、道德法则。这就是说，对这个宇宙，天、地、人各有贡献，所以才称为"三才"。这个讲法在《中庸》里更为具体。在中国哲学里，无论是唯心主义的传统，还是唯物主义的传统，都认为人与天地参，这就是人和自然的关系，人在宇宙中的地位。这是中国文化的一个传统。现在看来这个传统好像没有什么了不起，但是跟别的文化一比，就可以看出它的优点。我们说，不怕不识货，就怕货比货，就是这个意思。我们看看别的文化对人的看法评价如何。先说基督教文化，西方国家的基督教文化，基督教的《圣经》说，人最早的祖先是亚当和夏娃，亚当和夏娃在上帝的乐园里过着平静的生活，可是后来犯了罪，上帝就把他们贬下来了，逐出了那个乐园。人类都是亚当和夏娃的后代，所以生下来都带着亚当和夏娃的罪，这个罪叫"原罪"。每个人无论现在和将来都是带着原罪生活的，都是罪人。虽然上帝慈悲，派他的儿子耶稣下界，受钉十字架的苦刑，替人类赎罪，可是无论怎样赎，人的原罪总是在那里的，这是基督教的说法。

照佛教的说法，人生都是带着四大苦难的——生、老、病、死，所以人生是个苦海。人的生活就是一个无边无涯的苦难的海，如来佛的任务就是把人类救出苦海。照这个说法，我们人类都是受苦的。我有个想法：基督教文化重的是天，讲的是"天学"；佛教讲的大部分是人死后的事，如地狱、轮回等，这是"鬼学"，讲的是鬼；中国的文化讲的是"人学"，着重的是人。中国哲学的特点就是发挥人学，着重讲人。无论中外古今，无论哪家的哲学，归根到底都要讲到人。不过中国的哲学特别突出地讲人。它主要讲的是人有与天地参的地位，最高的地位，怎样做人才无愧于这个崇高的地位、人在宇宙中能与天地参，就是上顶天，下立地，每个人都是顶天立地的人。在中国哲学史里，宋明道学对这点讲得最多。所以我下面主要讲宋明道学，讲宋明道学的特点。

明朝有一个道学家写了一本书，叫《人谱》，人照着这个谱去做，就可成为顶天立地的人，无愧于与天地参的人。宋明道学现在也称宋明理学。理学、道学这两个名称指的是同一回事。

现在离开宋明道学，讲一点一般人生的问题。我们人虽然是"三才"之一，但在人生中间有些问题仍有矛盾。我们虽然不是罪人，可是生活中并不是一帆风顺的。人生中间的这些矛盾，要是一条一条细说，那就很多了。我们把它们归纳为两类矛盾。一种是一般和个别（特殊）的矛盾。我们说"这个桌子"，这就是个别的，指的不是别的桌子；我们说"桌子"，则是一般的桌子。"这是桌子"这句话就把一般和特殊联系起来了，统一起来了。这个联系并不是我说到这一命题才联系起来的，它们本来就是联系的，"这是桌子"，在说之前，它本来就是桌子了。首先要了解一般和特殊的不同。这是桌子、这是椅子、这是黑板，这一类话我们每天都说很多次，对于它的意义，一般人是不注意的。"桌子"就是一般桌子，但是"这是桌子"除了一般性质之外，还有很多性质，如它是家具，是木头的，等等。如果说"它是桌子"，这些特殊性就可以不理了。我讲哲学，向来要求分清这些。一个人学哲学，能分清一般和特殊，才算是入了门。因为我总是这样讲，有一次一个朋友就跟我开玩笑，他说有一个关于柏拉图的笑话。柏拉图注重一般。有一天柏拉图叫一个奴隶上街去买面包，那个奴隶去了半天却空手回来了，他说街上只有方的面包、圆的面包，而没有只是面包的面包。柏拉图就叫他去买方的面包。过了一会儿，奴隶又空手回来了，他说街上没有只是方的面包，街上只有黑色的方面包、白色的方面包、黄色的方面包。柏拉图就说，你买方而黄的那种吧。结果奴隶去后又空手而归，柏拉图叫他去了好多次都没有买来。作为特殊的面包，它的属性是很多的：大的、小的、长的、短的、方的、圆的、黑的、黄的等等。可以多到不知多少，个把钟头也说不完。照这个说法，柏拉图就没有面包吃，就会饿死。朋友说我也是光讲一般的面包。我也听说过一个故事，是说一个先生给学生讲"吾"字。先生说，"吾"就是我。学生回家后，父亲问他，你今天学了什么？学生说："先生给我讲了一个'吾'字。"父亲问："'吾'

是什么意思？"学生说："'吾'就是先生。"父亲大怒，说："'吾'就是我。"学生记住了。第二天到学校就说："'吾'是我爸爸。"先生大怒说："'吾'是我！"学生也不敢再问了，心想究竟"吾"是先生呢，还是爸爸呢？学生心里纳闷，先生也很苦恼。因为他不管教谁，都得说"吾"是我，可是学生都把"吾"当成讲的那个人，再也弄不清了。这个简单的问题变成了很难的问题了。不过人毕竟是万物之灵，我们在实际生活中还没有遇到过这个问题。在一般情况下说"这是桌子"，一般人都知道，除了这个桌子之外还有别的桌子。可是有一些人认为，不能讲一般。你讲一般就是唯心主义，只有唯心主义才敢讲。所以，我在讲习班上印的那个提纲里面就说，在哲学和一般生活中都须讲一般和特殊。看了《谈谈辩证法问题》里面讲马克思的《资本论》那一段，就会清楚。

"这是桌子"是认识论的最基本的问题。毛泽东的《实践论》中讲的也是这个问题，人的认识是从感性认识到理性认识，感性认识跟理性认识的主要区别在于什么地方呢？就在感性认识认识的是特殊，只能认识特殊（就是"这个桌子"），而理性认识认识的是一般的概念，认识桌子。从感性认识到理性认识是一个飞跃。在《矛盾论》里面，有一句话，"一般寓于特殊之中"。关于一般和特殊的问题，是有唯心主义和唯物主义的斗争的。主要问题不在于讲一般或不讲一般，而在于讲一般和特殊的时候，有唯心主义和唯物主义的区别。"一般寓于特殊之中"，就是唯物主义的正确讲法。我写了这个参考书，参考文件，表面上看，好像是跟这个大学没有关系，但是生活里就是要弄明白，先讲一般和特殊的区别，并不就是唯心。这个话说起来又该扯远了。我们人生中间有一种矛盾，就是一般和特殊的矛盾。因为每一个人，既然是一个人，就是一个特殊。就与这个桌子、那个桌子一样是个特殊。可是凡是一个特殊，总该有很多性质吧？那个性质就是一般。人生中间，每个人都是一个特殊。我是一个特殊，你是一个特殊，我们的特殊都有许多性质，那个性质就是一般。一般和特殊之间有些矛盾，这就是头一种矛盾。比如说，我是一个人，这是个特殊，这个特殊就是我的身体，而我是人，这个人，则是一般的。人的一般里面包含什么内容呢？就包含"天地人三才""与天地参"等内容。我的特殊是不是可以同与天地参的顶天立地的那个一般相适应相符合呢？这是个矛盾。我们的一生，有些作为是从特殊出发的，有些是从一般出发的，在这中间就有矛盾。道学讲有些思想行为是从躯壳上起念的。这一类矛盾，一般地看是文学作品上讲的灵与肉的矛盾。第二种矛盾就是主观与客观的矛盾。每一个体都是以它自己为主，以外界为客。这就发生了主观与客观的矛盾。小孩子一落地就觉得外界有一个与他不同的东西，这就是主观和客观的矛盾。不管小孩子清不清楚，主观有认识客观的问题，有适应客观的问题，这是又一类矛盾。总而言之，人生中间的矛盾分这两大类。这是个总括的说法。其余小矛盾一条条多得说不完，归结起来就是这两大类。对于这两类矛盾，解决的办法有三条路：第一条路是从本体论入手的路，第二条路是从认识论入手的路，第三条路是从伦理学入手的路。从本体论入手的路在西方哲学里面的代表人物就是柏拉图。柏拉图是从几何学得到的启示。几何学中有各种各样的定义：什么叫方，什么叫圆，等等。这些定义就是方的一般、圆的一般，是绝对的方和绝对的圆。柏拉图说：绝对的方和圆是理念，只有方和圆的理念才是真正的方和真正的圆。我们实际的方和圆都是那个理念的摹本，摹本总是比不上原本，因为摹的时候总要差一点。他这样一分，就把世界分成两个了。一个是理念的世界，那里有绝对的方、绝对的圆，是真正的原本；另一个是我们实际的世界，有实际的方、实际的圆，这里都是模仿理念的。它既然是摹本，就总要差一点。这就是我方才说的唯心主义唯物主义的问题，因为柏拉图认为理念不在实际世界之中，跟世界对立起来。他的这个理论是唯心主义的，不过他有的想法不能算错，例如那绝对的方、绝对的圆等几何学上的定义，是我们实际生活上用的一种批评的标准，也是一种实践的标准。比如，我们在黑板上画一个圆，大家一看说不像个圆，或者说很不像个圆。这个是批评，这个批评有个标准，如果没有标准，那批评也就没有意义。这个标准就是几何上的定义。这个定义是批评的标准、实践的标准，我们照几何学上的定义来制造圆的东西，或者方的东西，如果觉得哪一点不很方不很圆，就能照那个标准去改，去纠正。所以，他讲的不能说没有意义，是有意义的。不过他把那些标准都说成另一个世界，那是唯心主义的。实际的东西总不能完全与标准相合，因为实践做这些东西总要靠一种工具，那个工具和材料也都是实际的东西，并不是完美无缺的。所以实际的圆，都受实际材料的限制。比如，黑板上画的那个圆，由于黑板不是很平，粉笔粗糙，因此不完全圆，总要受材料的限制和累赘。方才有个同志写了个条子，说中国哲学里讲的那个"气"，在西方哲学里和它相当的是什么字。这个"气"笼统地说来就是材料，都是和标准相对应的材料，你用这个材料制成个圆的东西，它就不会是个真正的圆，它就不会和标准完全相合。这个"气"，照有些人的说法就是一般说的材料，这个在希腊哲学里就是material。这是一个比较抽象的说法，中国哲学上的这个"气"有时候是指像空气一样的细微的物质，各家的用法不同，所以比较抽象的用法就是材料。至于作为实际东西像空气什么的，在西方哲学里就没有相对应的字了。一般的翻译就只能用拼音了。柏拉图是从本体论着手，讲一般和特殊的矛盾，可是结果呢？他把这个矛盾讲清楚了，怎样解决这个矛盾呢？他却没讲，而且，把他的原则用到社会上来，矛盾就会越来越大。照他的说法，一个人有种种欲望，这些欲望都是下等的东西。人还有一些思想，就是那些标准什么的，那些才是上等的。再推到社会上，推到当时的奴隶社会上，奴隶就是社会里的下等人，只有低级的欲望。奴隶主是上等的人，都有人的理想什么的。这样一讲，就把矛盾扩大了。他的贡献呢？就是把这类矛盾讲清楚了，结果呢？他把这个矛盾更扩大了。没有解决这个矛盾。这就是从本体论入手的那条路。

主观和客观的矛盾，人是个主体，世界是个客体。人在认识外界的时候，总要经过他自己特有的一种能力，这个能力中间有他自己的形式和范畴，就是说，要经过他自己的那个性质的范畴。所以康德说，认识的那个外界就仅仅是一种现象。至于那个现象的本体是什么，本来的面目什么样就不知道了。那个本来面目"物自身"，物的自身是什么样，是永远也无法知道的。有人说，康德讲的那个"物自身"是不可知论。有人说他的不可知是"尚未知"，"我们现在不知道，将来会知道的"，这就不是从康德的前提出发的了。康德的前提是：物质是不可知，不是尚未知。因为在知它的时候，人总要通过自己主观的套子。你主观的套子是不能够变的，所以物质永远不能被知道。好像人戴着有色眼镜，这些人看外界就是那个颜色，戴红色眼镜看外界就是红色。你可能说我把眼镜摘下来看看世界究竟是什么样子，眼镜是可以的，可是康德讲的那个认识的形式可不行。这是他的《纯粹理性批判》里面讲的道理。所以主观和客观有一条界线是永远跳不过去的，永远有个隔阂。不过在他的《实践理性批判》里说，对这个问题也不能那么悲观。从认识上说，物质是永远不能被知道的。不过人从道德行为这一方面谈，倒不完全是没希望，也不能那么悲观。按照康德说的，在讲到道德的时候，有一个最高的人生原则什么的，就是说你要想知道你的行为是不是守道德的，有一个尺度，有一个标准可以用，那就是想想你的行为，可不可以作为一个公律，一个公共的规律，可不可以放之四海而皆准，如果能的话它就是道德的，如果不能就不行。这是他讲的道德的最高标准。其实这个标准就是没有学过康德的人也会承认。我们看见一个人做了什么坏事，就可以对他说：你这样做不对，如果人人都像你这样，那结果就不堪设想了。比如，一个人坐公共汽车，他不买票，售票员跟他讲理，说我这里是公共汽车，就是靠卖票维持的，如果每个乘客都不买票，也就没有公共汽车了。这其实就是康德说的那个最高标准。我们说杀人不能作为一个道德规律，因为人人互相残杀，就没有社会了，就没有人了。偷东西不能算道德的行为，因为如果人人都靠偷东西来生活，那就没人生产了，这个社会就不存在了。所以，他这个标准也不能算是他的发现，因为我们每天都在利用。1952年，我参加了一个代表团到印度访问。一位印度朋友问我，他说你们社会主义把劳动者都解放了，那就没人劳动了，大家都不劳动怎么办？我说，社会主义不是人人都不劳动，而是人人都劳动。这就是社会主义比资本主义道德上的优越性。社会主义可以叫资本家都成为劳动者，人人都劳动，可是资本主义社会不能叫人人都成为资本家去发财，因为人人都是资本家就没有资本家了。所以康德的这个规律就是我们经常用的规律。我想孔子讲的那个忠恕之道实际上也是这个意思。一个行为你不知该不该做，你就可以看看能不能把其推而广之。能推而广之就行，否则就不行。实际上这是一个道理。不过在这一点上，可以看见一个打破主观与客观之间界墙的希望。照康德讲的实际上就是"自我之法"，自己给自己定的法律。自我之法就是要扩大那个主观，把主观扩大到包括客观。那么一扩大，就打破了主观与客观的界限。一个人作为一个个体，他总是可以以自我为主，可是自我之法就不是以自我为主，可见人类的个体主观之外，还有一个什么力量，他说这就是那个超乎主观之外的力量。从这个地方，就可以看出是有三件事情。一个是上帝存在，一个是灵魂不死，一个是意志自由。我的主观总是要包括我的主观利益。我的自我之法要否定我的主观，可见这个意志就不是受主观与特殊的影响，这个意志就是很自由的。他们由此可以推出，除了肉体之外，还有灵魂，还有上帝。

康德这样讲了，这只不过是个橱窗，一个窗户。从这里面，可以稍微望见里面的什么东西。可是窗户总是在那儿，隔阂总是在那儿，这是他认为没有办法的。所以那个东西是个彼岸。我在这个岸上可以望见那个岸，可是永远也达不到那个岸。康德有点像柏拉图，主观与客观的矛盾讲得很明确。可是没有办法来解决这个矛盾。虽然他提示了一点，可是他总认为是不能解决的。这就是从认识论入手的那条路。

中国的道学家是从伦理学下手的。一方面似乎可以说，它是继续康德的路，把康德的说法推到它的逻辑结论。不过这不能从时间上说，从时间上说，他们在康德以前。康德想了这个办法，可是没有进行到底。而道学家对这个问题进行到底了。道学家认为既然有一个窗口可以看到里面的情况，那就把这个窗户扩大，甚至不要窗户，推翻界墙，问题不就解决了吗？当然就解决了。这个就是王阳明说的那个"致良知"了。王阳明说，人人都有一个良知，他看见好的就知道是好，看见事物不好的，他就知道是不好的。这是人人如此的。问题是致良知，把一般的良知扩大起来，把窗户扩大，甚至把墙拆掉，实际上就是这个问题。这都是从道理上说，不是就时间说，按时间说就不对了。主观和客观之所以有界限，有矛盾，按道学的说法，就是有些思想行动是从"私"字开始的，是从躯体上起念的、从肉体上起念的，为我个人的利益而做的，就是一个"私"字。跟"私"相对的是"公"，从"私"出发的思想行动就是为"利"；从"公"出发的就是"义"，主要差别就是利与义的分别。要是把私去掉，一切都为公，那你就跳出了特殊的范围了，就不为特殊所限制了，就与一般一致了。所以道学家所说义与利的分别就是公和私的分别。从义出发的都是道德的，从公出发的都是道德的，那叫义。从私出发的都是不道德的，那叫利。所以道学家都反对利。有些人认为利就是指的物质利益，所以道学家反对利，就是轻视物质利益。这个看法不对，问题不在于"利"是不是物质利益，而在于你为什么去求那个物质利益。你要是为了私利去追求物质利益，那就是"利"；要是为公去求，那就是"义"，而不是"利"。为公求利，就是我们现在说的为人民服务，为人民做好事。有些人对利的了解不够全面。比如说，在我们社会主义里边，有全民所有制企业，它的经理说，我办的是社会主义企业，我们不应该像资本家那样精打细算，我不是为利，我是算政治账，我不算经济账。这个想法有问题。你当个社会主义企业的经理，能精打细算，使你的企业赚钱而不赔钱，叫你的企业增加经济效益，这是义，不是利，这并不是为个人的打算，这正是义。你办的社会主义企业，不精打细算，把企业办得赔钱、关门，把人民给你的资本都赔光了，这是什么政治账？你办一个企业，你就须精打细算，讲经济效益，赚钱，把你的企业办得活起来，这是义，不是利。所以道学反对的不是物质利益而是私利，就是反对"私"。道学家说的义和利的分别就是公和私的分别，你为公就是义，为私就是利。你做生意把企业办好，给国家赚钱，给人民做好事，这是义。这个问题必须这样论证才行。

所以归结起来，道德和不道德的分别就是"公"与"私"的分别，就是"义"和"利"的分别。你要什么事都为公，就超出了你的个体了。超过个体的范围了，就把主观和客观的界限打破了，解决了这个矛盾，那也就解决了一般与特殊的矛盾，特殊就是私，把私去掉，矛盾就解决了。所以中国道学是从逻辑、从理学下手的路。这条路能把两种矛盾都解决了，解决的方法就是去"私"，把"私"字打破。照道学家的说法，"义"上面还有"仁"，仁、义、礼、智的那个"仁"。这个"仁"向那个"义"有同有异。同的是都是去"私"，"仁"是爱人，想到自己也要想到别人。这也是要跳出"私"的个体的范围，这是一样的。所不同的是"义"是道德的原则，而"仁"不仅是道德的原则，还是一个精神境界。"义"是单纯的原则，而"仁"里面包括爱，所以"义"看起来是冷冰冰铁面无私的东西。"仁"看起来就不是这样，而有点热乎乎的味道。因为爱都带着热，所以现在讲到爱都用"热爱"两个字。因为爱里有热的因素，它是一个精神境。道学讲，"仁"比"义"又高一层，或者说更全面一点，因为它不仅是道德原则，也是一个热的精神境界。道学家讲哪个地方麻痹了的感觉，叫麻木不仁。为什么叫"不仁"呢？就是因为这一部分和身体的别的部分失去了联系。中医说就是气不相关了。这一部分发生了问题，也感觉不到疼痛、痛痒，就是这一部分和别的部分不是息息相关，不联系了。道学家说，不仁就好像一个人麻痹了，跟外界都没有气息相通了。按道学讲，最高的品质就是仁，人和仁声音都一样，所以这两个词可以互相定义，有的书说："人者，仁也"，也有书说："仁者，人也。"这两个字一致。清朝末年，戊戌变法的思想家谭嗣同写了一部书，叫《仁学》，仁学就是人学，就是讲怎样做一个真正的人、顶天立地的人，有与天地参的人的最高品质。他的书起名为《仁学》。所以道学的仁学就是人学，这好像是中国哲学的特点。一提到仁字，有些人不了解，就认为是一种庸庸碌碌、婆婆妈妈的老好人、和稀泥的人，那一种人是有的，任何时代都有。孔子、孟子时代都有。可是孔子、孟子最讨厌那种人，把那种人叫"乡愿"。那种人像仁，可又不是。那种人，能够以假乱真。所以孔子说："乡愿德之贼也。"孟子说："恶莠恐其苗也。"莠就是杂草，有点像庄稼苗，容易混淆，所以特别可恶。还说："恶紫之夺朱也。"朱是红，红色是好的。别的颜色不是红，表现出来也不是红，只有紫色讨厌，它有点像红色，可并不是红色。"乡愿"那种人特别可恶，真正的仁人肯定不是那种婆婆妈妈的人。孔子说："有杀身以成仁，无求生以害仁。"真正的仁人，是个拼命的事，遇到紧要关头，宁可牺牲自己的身体，也不牺牲那个原则，斗争性是非常强的。哪是婆婆妈妈和稀泥的那种老好人呢？后来孟子讲浩然之气，这个浩然之气就是仁。浩然之气至大至刚，不是软弱可欺、和稀泥、庸庸碌碌的。文天祥的《正气歌》就是讲浩然之气，浩然之气是人们的一种精神境界。"天地有正气，杂然赋流形。下则为河岳，上则为日星。于人曰浩然，沛乎塞苍冥。皇路当清夷，含和吐明庭。时穷节乃现，一一垂丹青。"他举的例子有，"或为《出师表》，鬼神泣壮烈；或为渡江楫，慷慨吞胡羯""为严将军头，为嵇侍中血，为张睢阳齿，为颜常山舌"，这些都是拼命的事。后来他总结说："是气所磅礴，凛烈万古存，当其贯日月，生死安足论！"这是一种忘我的精神境界，当它贯日月的时候，个人的生死就不在话下了。那就真正跳出了个体的范围，是气所磅礴，万古长存。世界上还不止万古。这个万古就表示永恒，永恒并不是长时间，而是超时间，没有时间。这个时候，个体的生死就不足论，完全超出了个体的范围。超乎个体的范围，这是一种精神境界，在这个精神境界里，主观和客观的矛盾就没有了，一般和特殊的矛盾也没有了，都解决了。这就是中国哲学讲的最高精神境界。我列的参考书最后一本是我的《中国哲学史新编》的那个"绪论"。"绪论"里讲，哲学就是叫人能够得到一种最高的精神境界。像《正气歌》所说的那种精神境界，那就是中华民族的精神境界。还有一点，要想达到这个精神境界，要做些什么功夫，做些什么事。这一点又是道学的特点了。这个答案就是不需要做什么，也不需要你吃斋，也不需要你念佛，也不叫你出家，也不需要做别的什么事，就做你平常的那些工作、那些事。不过你做的时候要总想着去掉"私"，做的不是为"私"，是为"公"。每做一件事都要去私为公。这个就是去掉私欲。有些人说这个道学就是反对欲。这么讲的是柏拉图。道学讲的是反对私欲，是反对私，不是那个欲。譬如人生中有男女关系，道学并不反对，它只反对不正常的男女关系，那就是"私"了，是私欲。至于正常的男女关系，是夫妇结婚，这不是欲而是礼。这是夫妇之伦。

还有一个问题，我们要研究道学，怎么个研究法。我认为要看你的目的怎样。你可以把它当成一种学术研究，做一篇学术论文，可以是硕士论文，也可以是博士论文。那就跟别的学术研究一样，查资料，分析概念，考据文字。你要是真正研究道学，那么，光查资料，分析概念，讲文字就不行了。像毛泽东说的，你要想知道梨是什么滋味，你就咬它一口，这是个实践的问题，不是理论问题。恐怕咬一口还不行，得把它吃掉。恐怕吃一个还不行，还得继续吃。你要想学游泳，光看书不行，你要跳进水里去游才行。你要想学滑冰，就得穿上冰鞋去冰上练。你要想学骑自行车，你就得练。光凭看书查资料是不行的。道学的特点要是用一句简单的话来概括，就是解决了我说的那两大矛盾。解决的时候并不需要做什么别的事，不需要吃斋、念佛、出家、上礼拜堂，就是在你的日常工作中。有一个道学家对他的先生说："我很想学道学，可是我没功夫，没时间。"先生说，谁要求你用特别的时间来学，就是你平常所做的事情。你在那里边就可以学到。你在那里边想着"去私"就行了。也不需要有什么特别的机会、特别的条件。并不是说要有一定的政治地位才可以，完全不需要。也不是说，你得有什么特殊的才能。这是道学的特点。这个特点我以前用《中庸》里的一句话来概括："极高明而道中庸。"它非常高明而办法却非常平凡。也就是我们现在常说的，在平凡的岗位上做不平凡的事。也可以说，在平凡的生活中过不平凡的生活。概括起来就是这样：不需要特殊的机会和才能。这就是中国哲学的特点。

在中国传统社会基础的哲学[1]

中国传统社会起源时代远在公元前，它继续存在，没有根本改变，直至19世纪后半叶，才开始崩溃，这是由于通常所说的西方侵略东方，其实是现代社会侵略中世纪社会。现代社会的根本因素是工业化经济。使用机器，使前工业经济发生革命性的变化，前工业经济可以是农业经济，如中国经济，也可以是商业经济，如希腊经济、英国经济。旧经济必须让位于新经济，旧社会结构亦然。看到有人对于历史，甚至对于当代事件，极度无知，这是惊人的。欧洲生活的社会结构已经改变了，并还在经历着改变，这些改变可以称之为工业革命、政治革命和社会革命。但同样的事情一旦发生在亚洲，西方人却倾向于称之为西方侵略东方。

现代工业主义正在破坏传统的中国家族制度，从而破坏传统

1　原文为英文。1947年作于美国。发表于F. S. C Northrop所编*Ideological Differences and World Order*（《意识形态差异与世界秩序》）一书，1948年美国耶鲁大学出版社出版。涂又光译成中文。——原编者注

的中国社会。人们离开自己的土地到工厂做工，其中在一起的人既非兄弟又非老表。以前他们依附于土地，但现在他们活动多了。以前他们与父兄一起集体耕种他们的土地，所以他们没有可以称作他们自己的产品。现在他们有他们自己的收入，以工资形式在工厂领取。以前他们通常与父母，还可能与祖父母，生活在一起；但现在他们独自生活，或与老婆孩子一起生活。在观念形态上，这在中国被命名为"个人从家族解放出来"。

由于社会结构的这种改变，很自然地，曾是传统社会的思想基础的孝道，必将遭到极端猛烈的攻击。这种攻击在中国已经确实发生了。这种攻击在民国初年达到高峰，中华民国建立于1912年，当时就实际废除了"忠君"的道德原则。如我们即将看出的"忠"和"孝"，过去是平行的道德原则。孝，曾被视为一切道德的善的根本，现在则被一些批判家视为万恶之源。有一本道教通俗读物上说："万恶淫为首，百善孝为先。"民国初年有一位著作家套用这句话说"万恶孝为首"，虽然他还没有走得太远以至于说"百善淫为先"。

近年来对于孝道和传统家族制度的攻击已经少多了。这个事实的意义，与其说它们失去的影响又大有恢复，毋宁说它们已经几乎完全丧失其在中国社会中的传统地位。用中国的说法，它们都是死老虎，打死老虎不算英雄好汉。我记得很清楚，我年轻时，常听人辩论传统家族制度的利弊。但现在它不复成为辩论的问题。人们认识到，他们根本不可能保持它，即使他们想保持也不可能。

对传统家族制度的攻击，与其性质一致，一直是大有争议的。其结果，有些批判对它亦失于未能持平。举例来说，在许多批判中，主要的一个是说，在传统家族制度中，个人完全丧失其个性。他对家族的义务和责任如此之多，似乎他只是父母之子、祖先之孙，唯独不是他自己。

要回答这个批判，则可以说，就个人是社会一员而论，必须对社会承担某种责任。承担责任与丧失人格并不是一回事。更何况，成为问题的是：在中国传统社会内，个人对于家族和社会的责任负担，比现代工业社会内个人的责任负担，是不是真正大一些？

工业制度下的社会是在比血缘关系宽广的基础上组织起来的。在这个制度下，个人对家族的责任少了，而对于社会全体的责任则多了。在现代工业社会，个人服从父母的义务少了，而服从政府的义务则多了。他很少有资助其兄弟和族人的义务；但受很大压力，以所得税和社区福利基金的形式付出，资助社会整体的需要。

在现代工业化的社会，家庭不过是许多社会机构之一。但在传统的中国，家在广义上实际就是社会。在传统的中国，个人对其大家庭的义务和责任，实际上就是个人对其现代意义的家庭的义务和责任再加上对其国家或社会的义务和责任。由于是这两方面的义务和责任的结合，所以个人对于其家的义务和责任就显得沉重了。

在传统的中国社会哲学涉及的范围内，重点在于个人。正是个人，或是父，或是子，或是夫，或是妻。正是由于或成为父，或成为子，或成为夫，或成为妻，个人才使自己加入社会并成为其一员；也正是由于这种加入，人才使自己区别于禽兽。人事父事君，并不丧失人格。相反，只有在事父事君中，他的人格才有最充分的发展。

另一点要注意的是，按照传统的社会理论，广义的家虽可无限扩大，但个人对家的责任并非没有固定极限。在极限之内，责任大小仍有差等。这都表现在所谓的"丧服"上。按照这个制度，一个人的父母死了，必须穿丧服三年（实际是二十五个月），称为第一等的丧服。祖父母死了，他要穿丧服一年，称为第二等的丧服。理论上，一个人的高祖的父母死了就不穿丧服，即使他们长寿见到玄孙的儿子。这说明，一个人作为一家之子的义务有个极限，它只包括他的父母、他的祖父母、他的曾祖父母和他的高祖父母。

一个人的儿子死了，要穿丧服一年；孙子、曾孙、玄孙死了，穿丧服的期限越来越短。玄孙的儿子死了，他不穿任何丧服，即使他长寿及见其玄孙之子之死。这说明，他作为一家之父的责任有个极限，它只包括其子、孙、曾孙、玄孙。

一个人的兄弟死了，他要穿丧服一年；他的堂兄弟死了，从兄弟死了，叔伯高祖的玄孙死了，他穿丧服的期限越来越短。这说明，他作为一家之兄弟的责任有个极限，它包括的不超过其高祖的后人。

如此按照传统的社会理论，每个个人是个中心，从这个中心向四方辐射出关系：向上是他与其父及祖先的关系；向下是他与其子及后人的关系；向左向右是他与其兄弟及堂兄弟等的关系。James Legger的《礼记》译本，有几张图表说明了这一点。在这辐射圈内，有着轻重不等的亲情和责任。中心的人视圈外的人为"亲毕"，而以朋友关系为基础对待之。

如此按照传统的社会理论，每个个人是一个社会圆的圆心，社会圆由各种社会关系构成。他是一个人，也被当作一个人来对待。不论中国传统社会及其家族制度功过如何，要说其中没有个人人格的地位则是完全错误的。

我提出这些辩论，只是表明，虽然中国传统社会与现代社会根本不同，它也不像某些批判它的人可能设想的那样毫无道理。我说这些，决无意支持它作为今日中国的现行社会制度。为了生存于当今世界，其地位无愧于中国的过去，中国必须工业化。一旦有了工业化，就没有传统家族制度和传统社会结构的地位了。但这不意味着我们不要对它们及其观念基础，做同情的理解。

关于这些观念，我将试做简短说明。这些观念，皆如群经之所阐明者，亦如传统中国受过教育的人绝大多数之所接受者。

孝的观念

传统的中国社会，在其基础有个中心的哲学观念，就是孝的观念。中文"孝"字普通译作filial piety，中国传统文献中"孝"字具有非常广博的意义。在《孝经》（*Classic of Filial Piety*，此书名Ivan Chen译本作*The Book of Filial Piety*）中说"先王有至德要道，以顺天下，民用和睦"。这个"至德"是孝，这个"要道"也是孝，孝被认为是"德之本也，教之所由生也"。

在《礼记》中有一段说：

> 身也者，父母之遗体也。行父母之遗体，敢不敬乎？居处不庄，非孝也。事君不忠，非孝也。莅官不敬，非孝也。朋友不信，非孝也。战阵无勇，非孝也。五者不遂，灾及于亲，敢不敬乎？……众之本教曰孝。……仁者，仁此者也；礼者，履此者也；义者，宜此者也；信者，信此者也；强者，强此者也。乐自顺此生；刑自反此作。……夫孝，置之而塞乎天地，溥之而横乎四海，施诸后世而无朝夕，推而放诸东海而准，推而放诸西海而准，推而放诸南海而准，推而放诸北海而准。（《祭义》）

这段话被认为是曾子所说，曾子是孔子的大弟子之一。《孝经》是由曾子与孔子的对话组成的，所以也被认为是曾子或其弟子所作。我们现在的目的不是为这些书辨伪。这里只说一点就够了，就是在公元前3世纪，孝为诸德之本的理论已经流行。《吕氏春秋》是这个世纪的杂家著作，其第十四卷《孝行》云："夫执一术而百善至、百邪去、天下从者，其惟孝也。"后世所有的社会哲学家和道德哲学家都同意这句话。甚至中国历史上以后各朝的皇帝，也常用《孝经》自豪地说："我朝以孝治天下。"

孝字的含义非常广博，这是简单的英文词组filial piety难以显示的。对于不熟悉中文孝字的人，filial piety可能意指单纯地照料他的父母。但正如《礼记》所说："烹熟膻香，尝而荐之，非孝也，养也。"这无疑是一个夸张的说法，但由以上引文我们可以看出，照料自己的父母确实只是孝字广博含义的很小一部分。

如果认识到传统的中国社会是建立在家族制度之上，认识到孝是凝固家族的德性，再在传统的中国社会哲学中发现如此极端地强调孝道，也就不会大惊小怪了。

传统的中国社会制度的背景

一定要记住中国是大陆国家。对于古代中国人，土地就是世界。由于恰好中国人民知道自己在大陆国家，所以他们必须以农业谋生，然后以科学技术使其经济工业化。甚至今天中国人口中从事耕种的部分估计仍占75%～80%。在农业国家，土地是财富的根本来源。在传统的中国社会，在人们心目中土地是永久和安全的象征。若不占有一些土地，就不算在社会立定脚跟。

农人只有靠土地生活，土地是不动的。除非有特殊才能，或是特别幸运，否则子孙就只能继续生活在父祖生活的地方。这就是说，广义的家，由于经济原因必须生活在一起。这样，在传统的中国社会中，人一旦占有一些土地，就意味着永久生活于此地。对于他们，其土地不只是他们自己一生的家，而且是其子子孙孙的家，于其子孙他们看到他们的生命和工作的延续。

《礼记》中说，公元前6世纪晋国的卿赵武修成了他的住宅，晋国的官员前往参加庆贺新居的宴会。有一位官员说："美哉轮焉，美哉奂焉，歌于斯，哭于斯，聚国族于斯。"当时赵武回答说："武也得歌于斯，哭于斯，聚国族于斯，是全要领以从先大夫于九京也。"《礼记》评论这个故事说："君子谓之善颂善祷。"（《檀弓下》）

此颂此祷表现了靠土地生活的人的渴望，他们在其土地上修建房屋，希望永久住在那里。此颂此祷都讲得好，因为它们很合人情。它们并不假装只有喜而无忧。它们也不表示相信死后的生活。它们只表现了房屋土地所有者的愿望：无论是喜是忧，是死是活，他都能留在那里。这种感情是依附土地的感情，此颂此祷很好地表现了这种感情。

靠土地生活的人，其身体和感情两方面都依附于土地。他们的家族之树，真正是像树一样深深扎根于土地之中，伸展枝条于四面八方。广义的家必须生活在一起，因为他们不能分开。既然他们必须生活在一起，就必须有某种道德原则，作为这个群体的一种不成文宪法，这种原则就是孝道。

传统的中国家族制度

孝是以家族制度为基础的社会组织原则。这样的社会是农业经济的产物，农业经济又必然受地理限制。除了中国还有其他大陆国家和农业社会。但恰巧传统的中国社会，由于其悠久历史，才成为这类社会的最发达的形态。传统的中国家族制度无疑是世界上最复杂的、组织得最好的制度之一。这个制度的复杂性可以从各种家族关系的不同名称看出来。因此，最早的中文字典《尔雅》出现的时代在基督纪元以前，其中有一百多个名词表示各种家族关系；绝大多数在英语中没有相对应的词。某甲用英语说某乙是他uncle，对于中国人来说这是一句很模糊的话。某乙是某甲母亲的兄弟呢？还是他母亲的姐妹的丈夫呢？还是某乙是某甲父亲的兄弟呢？如果是的，又是兄还是弟呢？在中文中，这些关系每个都有一个名词表示。在某甲用中文说某乙是他的什么的时候，你能精确地知道他们之间是什么关系。中文没有词只表示uncle。

曾经，家族制度是前工业的中国的社会制度；家是社会结构的基础；国是一个组织，可以称为"合众家"。在"美利坚合众国"中有不同的"国"，每个"国"有其自己的宪法和传统，在这些"国"之上有"联邦政府"照管与所有"国"都有关的事。传统的中国社会可以从政治上称为"亚细亚合众家"。在此联合体中有不同的家，每家有其自己的传统，在这些家中有一家照管与所有家都有关的事。这就是当朝的皇家，皇家的首脑叫作"天子"。这一家是在其他家之上吗？在某种意义上，是的；在另一种意义上，不是。这是很有趣的一点，我愿在后面讨论。

传统的中国社会是用所谓"五伦"（五种社会关系）组织起来的。它们是君臣关系、父子关系、夫妻关系、兄弟关系、朋友关系。每种关系有一个道德原则管着。如孟子所说："父子有亲，君臣有义，夫妇有别，长幼有序，朋友有信。"（《滕文公上》）这些关系和管着它们的道德原则，都被认为是"天下之达道"（《中庸》），所有人都要遵行。

后来，汉代儒家大哲学家董仲舒在五种关系中挑出君臣、父子、夫妻等关系，以为更加重要，称之为"三纲"。"纲"的字义是网之大绳，其他小绳皆依附其上。因此，君为臣纲，即君为臣之主。同样，父为子之主，夫为妻之主。

除了"三纲"，还有"五常"，都是儒家的人提倡的。"常"的意思是规范或不变，"五常"是儒家的"五德"，即仁、义、礼、智、信。"五常"是个人之德，"三纲"是社会之组织原则。复合词"纲常"旧指道德或如道德律一般。

旧时个人的一切行动都受这些社会关系的制约。依照儒家学说，表示这些关系的词各是一"名"，每个"名"代表一个道德原则。每个个人必有表示这些关系的词所与的某"名"，按照此"名"代表的道德原则行事乃是他的义务。例如，如果个人在父子关系中是子，他就必须按照子这个"名"所代表的道德原则行事。换句话说，他必须按照子所应该做的行事。如果他后来在与其子的关系中成了父，他就必须按照父这个"名"所代表的道德原则行事，也就是做父所应该做的。这一整套学说旧时被称为"名教"，就是以"名"为本的教导。

在这五种社会关系中，有三种是家的关系。其余两种，君臣关系、朋友关系，虽非家的关系，但可通过家来理解。君臣关系可以通过父子关系或者夫妻关系来理解，朋友关系可以通过兄弟关系来理解。这样来理解它们，其实就是人们常用的方法。

孝为什么被当作一切德性的基础，道理就在此。社会关系的整个结构都可以看作家事，而孝实质上就是忠于家。

忠的观念

君臣关系可以通过父子关系或者夫妻关系来理解。正是这个缘故，我才说，在古代，当朝的皇家一方面被当作其他各家之上的一家，但另一方面又在理论上被当作只是众家之一家。

非常普通的是视天子如民父。人们常说事君如事父。《孝经》中说：

> 资于事父以事母，而爱同。资于事父以事君，而敬同。故母取其爱，而君取其敬，兼之者父也。

在这些话里，是通过父子关系来理解君臣关系。若这样理解君臣关系，则当朝的皇家一定要被视作其他各家之上的超级大家。

但也很普通的是通过夫妻关系来理解君臣关系。这两种关系的相似之处，有一点就是，君臣关系的纽带，一如夫妻关系的纽带，照中国哲学家们所说，是"社会的或道德的"纽带，不是"天然的"纽带。也就是说，不是血缘纽带。这就是为什么，如上述引文中所说，对父要敬与爱兼之，但对君只取其敬。照中国哲学家所说，夫与妻彼此也正是要取其敬。

谁也没有机会选择其父。这件事是命运决定的。但谁都可以选择其君，恰如女子在结婚以前可以选择谁做其夫。有句常说的话："良禽择木而栖，良臣择主而事。"这样说是对的：在传统中，理论上，率土之滨，莫非王臣。但这样说也是对的：在传统中，普通百姓没有与政府各级官员同样的对皇帝尽忠的义务。君臣关系仅限于与官员有关。所以甚至在只有一君的统一时代，仍可选择是否做官，恰如女子可以选择保持单身，即她有男人可嫁。在中国历史上，一位学者若作出选择，置身仕途之外，他就是一个人，如传统说法描述的，"天子不得以为臣，王侯不得以为友"。他是一个大自由人，对皇帝没有任何义务，除了完粮纳税。

按照传统，君臣关系如同夫妻关系，有一句常言更进一步说明："忠臣不事二主，烈女不事二夫。"男人在决定是否做官以前，他作出选择十分自由，但一旦作出，就是最后的不可改变的选择。同样，按照传统，女子结婚以前选择丈夫是自由的，但在婚后她的选择就此了结。

按照传统，结婚是女子从娘家转到夫家。婚前她是父母的女儿，婚后她成为丈夫的妻。随此一转她有了新的责任和义务，首先是必须对丈夫绝对忠实。这就叫作"贞""节"，被认为是做妻的最重要的德。

按照传统，一个男人做官，在一定意义上就是"嫁"给了君。他把自身从他自己的家转到皇家，皇家在这个意义上也仅只是众家之一家。未转之前，他是父母之子；既转之后，他成了其君之臣。随此一转他有了新责任和新义务，首先是对君必须绝对忠诚。这就叫作"忠"，被认为是为臣的最重要的德。

当男人将自身"嫁"给皇家的时候，他应该完全献身于他的新的责任和义务，正如在婚后女人应该完全献身于操持其夫的家事。男人这样的身份变化，旧时谓之"移孝作忠"。

在中国传统社会，人们认为忠孝是社会关系中两种主要的道德价值。忠臣孝子都受到普遍尊敬。但这并不意味着孝不是中国传统社会的根本道德原则。在上面提到的转移中，孝子仍不失为孝子。相反，在新的环境中，这是他继续做孝子的唯一道路。如上面引文所表示，如果忠君是他的责任，则由于忠君他才真正成为孝子。所以在中国传统社会，认为忠是孝的扩展，而不能认为孝是忠的扩展。

忠与孝的冲突

这个事实可以以某些历史上的道德处境为例证。历史上有些道德处境，其中的忠孝冲突，即为子的责任与为臣的责任的冲突，变得如此之大，以致成为严重的道德问题，应该首先予以考虑。中国历史中的经典事例是2世纪的赵苞。赵苞是一位太守，他守卫边境时遭到某个部落的进攻。他的母亲来投靠他，却在路上被敌军捉住。于是敌军通知赵苞，要他投降，否则便杀掉他的母亲。对赵苞来说，这是真正的道德维谷。他作出决定，说："昔为母子，今为王臣，义不得顾私恩，毁忠节，唯当万死，无以塞罪。"他向敌进战，击溃敌人，以其母生命为牺牲。战后赵苞说："杀母以全义，非孝也。如是，有何面目立于天下！"在其母墓前哀伤而死（《后汉书·独行列传》）。

关于赵苞行为的道德意义，历史上有许多议论。《后汉书》说他是"取诸偏至之端者也"。但他若虑及"周全之道"，到底应该做什么，《后汉书》没有说。

几百年后道学大哲学家程颐提出建议说，赵苞可以辞去太守之职，将兵权交与副手。在这种情况下，敌人可能不杀他的母亲，因为杀了她已没有意义。如果敌人仍然杀了她，赵苞也可以对她的死少负一些责任。无论如何他应该作出努力，试图救母，哪怕不能成功也罢。

程颐的议论有孟子的权威支持。在《孟子》中有人问他："舜为天子，皋陶为士，瞽瞍杀人，则如之何？"对这个问题，孟子回答说："（舜）窃负（其父瞽瞍）而逃，遵海滨而处，终身然乐，而忘天下。"（《尽心上》）这个假想的处境与赵苞实际的处境相似。在这两个处境中，一个人作为国家人员的责任与其为子的责任，都有性质极为严峻的冲突。孟子与程颐为这个道德维谷提出了相似的解决方法。

我提出这个极端事例，是为了显示中国传统社会的道德素质。重点在于，在正常情况下，若选择做官，就必须"移孝作忠"；但万一忠孝发生严重冲突，则应首先考虑为子的责任。这就进一步证明，家族制度是中国传统社会的基础，孝是其一切道德原则的根本。

家的延续

按照传统的中国社会学说，五种社会关系之中，就重要性而言，第一是父子关系；但就起源而言，第一是夫妻关系。《易经》中说：

有天地然后有万物，有万物然后有男女，有男女然后有夫妇，有夫妇然后有父子，有父子然后有君臣。

在夫妻关系确立之前，"民只知有母，不知有父"。在这种情况下人与禽兽相同。确立夫妻关系是区分人与禽兽的第一步。公元前3世纪的一位大儒荀子说：

故人之所以为人者，非特以其二足而无毛也，以其有辨也。夫禽兽有父子而无父子之亲，有牝牡而无男女之别。故人道莫不有辨，辨莫大于分。（《荀子·非相》）

换言之，在动物世界，有雌雄，有后代，乃是自然的事实；但是有夫妻关系，有父子关系，乃是社会组织的事实。正是这一点使人与其他动物区别开来。

在传统的中国社会，确立夫妻关系是走向社会组织的第一步。古代经典之一的《诗经》，第一篇恰巧就是爱情之歌。按照传统道德的解释，其所以如此，是因为夫妻关系是"人伦之始"。

男女结婚成为夫妻是家的开始。一旦有了家，其年轻成员又需结婚，以延续家的存在。一个人在其家的延续中享受到生命不朽和理想不朽。在其家的延续中他既有过去的记忆，又有将来的希望。

个人一定会死，但死不一定是他生命的绝对终结。如果他有后人，后人实际就是他的身体长存的部分。所以有后人的人实际未死。他享受生命不朽，这对于一切生物都有可能。这是自然的事实，但要使这个事实鲜明突出，则只有经由家族制度的社会组织。

经由家族制度的社会组织，有后人的人不仅通过后人的身体享受生命不朽，而且通过后人的工作和后人的记忆享受理想不朽。后人的工作，继续着他的工作；后人的记忆，使他继续闻名于世。如此他被保存于家族制度之中，肉体既未消灭，精神亦未消亡。

按照传统，人们正是用这种眼光看婚姻。《礼记》中说婚姻的目的是"上以事宗庙，而下以继后世也"（《祭义》）。婚姻提供手段，将过去祖宗的生命传给未来的子孙。按照传统，子的大责任是成为父。他若无子，就不仅他自己的生命面临绝灭，而更为严重的是，他祖宗的生命由他往下传，也将要终止了。所以

孟子说："不孝有三，无后为大。"（《孟子·离娄上》）

在传统的中国社会，有一个儿子或几个儿子乃是人生最大的福气，而没有儿子乃是最大的缺憾。谚云："有子万事足。""含饴弄孙"是老人可能有的最大快乐。在传统的中国社会，一个人子孙满堂，他可以把子孙视作他自己生命的扩展。因此，在他的老年，他可以把他的存在以及其祖宗的存在看作已经托付得人，所以可以平静地等待死去，不去进而操心他的灵魂是否在死后继续存在。在他已经有了确有保证的不朽的时候，他何必还要为极其可疑的不朽着急呢？

祖宗崇拜

在这里我们来看实践祖宗崇拜的本质意义。在传统的中国社会，这种实践的功用兼有社会的和精神的两方面。在社会方面它被当作手段以达到家族的巩固。由于传统的中国家族是个很复杂的组织，它的巩固就要依靠某种团结的象征，而本家族的祖宗都是天然的象征。

在传统的中国，在家族制度严格按照理想模型实现的地方，生活在一个地方的同姓的人常有宗祠。祠堂有其自己的土地和收入，作为宗族的公共财产。祠堂的收入用于举办对祖宗的祭祀，救济本族孤儿寡妇和赤贫，也对本族有希望的青年提供求学或进京赶考的资助。这样，宗祠的实际作用就是本宗族社会工作的中心。

在祖宗崇拜的实践中，按照中国哲学家们的理论，活着的后人将死去的祖宗唤回，祖宗不是作为来自超自然界的鬼神，而是作为后人心中缅怀的形象。这是这种实践的、精神的或情感的、人身的一面，它除了促进社会巩固，还安慰个人，增强勇气。《礼记·祭义》中说：

> 斋之日，思其居处，思其笑语，思其志意，思其所乐，思其所嗜。……祭之日，入室，僾然必有见乎其位。周还出户，肃然必有闻乎其容声。出户而听，忾然必有闻乎其叹息之声。是故先王之孝也，色不忘乎目，声不绝乎耳，心志嗜欲不忘乎心，致爱则存，致悫则著，著存不忘乎心，夫安得不敬乎？

如此，在祖宗崇拜的实践中，故去的人不论是好是坏，是伟大是渺小，都一再地在活人世界中成为熟人。他们不在被忘却的世界之中，而在实际上是他们自己的血脉长存的后人的生动记忆之中。实践这种崇拜的人有这样的感受：他亦将以与此相同的方式为其后人所认知。在如此的环境中，他感到：他的生命，是生命的无数个环节之一，这个事实是其生命意义之所在，同时亦是其生命无意义之所在。

这样，在理论上，在中国哲学家们看来，在祖宗崇拜的实践中没有迷信的东西。在他们看来，这种实践的基本观念十分科学。西方人惯于称这种实践为"宗教"。我不愿咬文嚼字，尤其是如此富于歧义的如宗教般的名词。但我愿指出，如果这种实践可以被称为宗教，它也是没有教条、没有超自然主义的宗教。它将生死当作生物学的事实。可是有心理学的效果：使人从人生的短暂性中"得救"，得到对人生彼岸的真情实感。通过祖宗崇拜，人能得救，不需上帝，不需拯救之神。

对中国哲学的两个总结[1]

总书分两部分。第一部分为从中国哲学史的传统看哲学的性质及其作用，第二部分为从中国哲学的传统看世界哲学的未来。

先说第一部分。

中国画月亮的传统方法有两种：一种是在天空画一个圆圈子，说这就是月亮；另外一种画法是不画圆圈子，只是在月亮可能出现的天空中，涂以一片云彩，在云彩中留一块圆的空白，说那就是月亮。后一种画法称为"烘云托月"。这种表达事物性质的方法，我称为负底方法。用这种方法表达事物的性质，不是先说事物的性质是什么，而是先说这种事物的性质不是什么。

哲学不是初级阶段的科学。在人类知识发展的过程中，哲学曾经被认为是人类知识的总名，后来由其中分化出来的部分知识

---

1 选自2012年香港中华书局版《中国现代哲学史》（即冯友兰《中国哲学史新编》第7卷），原题为《〈中国哲学史新编〉总结》，现标题系编者所加。——原编者注

被称为科学。由这个意义说，哲学是初级的科学。有许多人提到少数民族哲学史的时候，就提到它们原始的宇宙发生论。这些人所了解的哲学，就是这个意义。

又有一派人认为，哲学是人类知识发展到现在的最高产物。由这个意义说，哲学是太上科学。毛泽东就是这一派最突出的代表。他说：

> 什么是知识？自从有阶级的社会存在以来，世界上的知识只有两门，一门叫做生产斗争知识，一门叫做阶级斗争知识。自然科学、社会科学，就是这两门知识的结晶，哲学则是关于自然知识和社会知识的概括和总结。（《整顿党的作风》，《毛泽东选集》第三卷，815—816页）

他用垒宝塔的方法，一层一层地把哲学提高至太上科学的地位。在中华人民共和国成立初期，主持教育的人把全国各大学的哲学系集中到北大，成立一个统一的哲学系，要建立统一的哲学。当时的哲学工作者根据毛泽东的思想，认为要学习哲学，必须以自然科学和社会科学为基础，规定哲学系的学生在一、二年级必须先学一点自然科学或社会科学。这一点自然科学或社会科学怎样学呢？于是就开了一些课，讲授一些类似某种科学大纲或概论的课程。可是，某种科学大纲或概论并不能代替某种科学，学生也不能从其中得到对于某种自然科学或社会科学的全面认识，更不能从其中总结出什么哲学。这种制度，从实践上证明是行不通的。

真正的哲学不是初级的科学，不是太上科学，也不是科学。这是它的性质所决定的。哲学真正的性质，如我在《新理学》中所说的"最哲学的哲学"，是对于实际无所肯定，科学则是对实际有所肯定。科学的性质，是对于实际必定有所肯定。任何一个科学命题，无论其是一个大发明，或是一篇小论文的题目，都必须对于实际有所肯定。如其不然，它就不能被称为科学命题了。反过来说，如其对于实际有所肯定，它就不能被称为哲学了。

在本书的"全书绪论"中，我说：

> 哲学是人类精神的反思。所谓反思就是人类精神反过来以自己为对象而思之。人类的精神生活的主要部分是认识，所以也可以说，哲学是对于认识的认识。对于认识的认识，就是认识反过来以自己为对象而认识之，这就是认识的反思。（《中国哲学史新编》第1册，9页）

《新知言》也说过这个意思：

> 假使我们要只用一句话，说出哲学是什么，我们就可以说：哲学是对于人生底、有系统底、反思底思想。每一个人，只要他没有死，他都在人生中，但不是每一

个人，都对于人生有系统底、反思底思想。这种思想，所以谓之反思，理由有二点。就第一点说，反思底思想，是以人生为对象底，以人生为对象底思想，仍是在人生中。在人生中思想人生底思想，是反思底思想。就第二点说，思想亦是人生中底一种主要底活动。以人生为对象而思之，不免也要以思想为对象而思之。这就是思想的思想。思想底思想是反思底思想，思想是人生中底光，反思底思想，是人生中底光的回光返照。（《新知言·绪论》，《三松堂全集》，河南人民出版社，第5卷，165页）

这是一个比较笼统的提法。现在，本书即将结束，本章对于这个论点可以提出比较详细的说明。

金岳霖在英国剑桥大学时说过："哲学是概念的游戏。"消息传回北京，哲学界都觉得很诧异，觉得这个提法太轻视哲学了。因为当时未见记录，不知道他说这句话时候的背景，也不知道这句话的上下文，所以对这个提法没有加以足够的重视，以为或许是金岳霖随便说的。现在我认识到，这个提法说出了哲学的一种真实性质。试看金岳霖的《论道》，不就是把许多概念摆来摆去吗？岂但《论道》如此，我的哲学体系，当时自称为"新统"者，也是如此。我在《新原道》中，自称我的哲学体系为"新统"是由四组概念组成的：第一组是理，第二组是气，第三组是道体，第四组是大全。金岳霖在《论道》中所摆出来的概念就很多了，但也不外乎这四组。他所说的"可能"，相当于我所说的"理"；他所说的"能"，相当于我所说的"气"，这是显而易见的。我们两个人的体系，显然都是"概念的游戏"。金岳霖在剑桥的提法，不过是用简单的话说出了一个公开的秘密。我不知道当时剑桥的人对于这个提法有什么反应。中国哲学界之所以感到诧异者，认为这个提法太贬低哲学的价值了。金岳霖用"游戏"两个字，也许有解嘲的意思。其所以如此，因为金岳霖没有说明，人们也没有认识到，哲学在实际生活中可能发生的功用。就人的实际生活说，哲学中一组一组对实际无所肯定的概念，看着似乎是无用，但可能是有大用。哲学不能增进人们对于实际的知识，但能提高人的精神境界。我在《新原人》中指出，人的精神境界可能有四种：自然境界、功利境界、道德境界、天地境界。天地境界最高，但要达到这种境界，非经过哲学这条路不可。

有人问我，科学认为，宇宙是有限的；哲学认为，宇宙是无限的。哲学能用什么方法证明宇宙是无限的？这个问题提得不对，但可借以说明一些问题。科学所谓宇宙，是指一个广大的物质空间。科学能用什么方法证明这个广大物质空间是有限的，我不知道。哲学所谓宇宙，并不是物质的广大空间，而是一个概念。这个概念，照定义就是无限的。《庄子·天下篇》所说的"惠施十事"中，有一条说："至大无外，谓之大一。"哲学所谓宇宙，就是一个"大一"，也就是我所说的"大全"，包括一切的"有"。如果"大全"之外还有什么"有"，所谓"大全"，就不是大全了，既然"大全"之外不可能有什么"有"，它就必然是无限的了。

西方有一句话说，哲学家不同于哲学教授。哲学教授是从文字上了解哲学概念，哲学家不同，他对于哲学概念，并不是只做文字上的了解，而是更深入地理解，并把这样的理解融合于他的生活中。这在中国哲学传统的话中，叫作"身体力行"。例如，对于"大全"这个概念，如果仅做文字上的了解，那是很容易的，查字典、看参考书就可以解决问题。如果要身体力行，可就不那么容易了。哲学教授所做的，就是中国旧时所谓"口耳之学"。口耳之学固然容易，但并不能对人的精神境界起什么作用。哲学的概念，如果身体力行，是会对人的精神境界产生提高的作用的。这种提高，中国传统哲学叫作"受用"。受用的意思是享受。哲学的概念，是供人享受的。例如，"大全"这个概念，就可以使人得到很大的受用。柏拉图在《理想国》中说了一个比喻：一个人从小的时候就处在一个洞穴里，一旦被拉出来，他忽然看见天地的广大、日月的光明，必然感到豁然开朗，心中快乐。柏拉图指出，这是人初次见到"善的理念"的时候所有的感觉。人对于"大全"这个概念，如果有真正的了解，他所得的享受也会是如此。

《新原人》所说的四种境界，其最高的是"自同于大全"。不能"自同于大全"的人，把"我"与天地万物对立起来，这就是自外于"大全"，这就是自己把自己置于一个洞穴之中。"自同于大全"，就是把自己从"我"这个洞穴中解放出来。

张载（横渠）有句话说："大其心，则能体天下之物。"（《正蒙·大心篇》）"自同于大全"，就是"大其心"。张载的《西铭》，从乾坤父母说到"民胞物与"，说的都是"大其心"。"大其心"的最高成就，就是"自同于大全"。

近人常说有"大我"，有"小我"，这种提法是不对的。和"我"相对的是天地万物，柏拉图说的从洞穴中解放出来的人，就是从"我"中解放出来。如果他从"小我"中解放出来，又被置于"大我"之中，其"我"虽有大小，而其为洞穴则一。

周敦颐（濂溪）曾教二程"寻孔颜乐处，所乐何事"。有"自同于大全"这种最高精神境界的人，可以有一种最大的快乐。这种快乐，就是所谓"孔颜乐处"。"所乐何事"呢？孟子有一段话说：

> 万物皆备于我矣。反身而诚，乐莫大焉。强恕而行，求仁莫近焉。（《孟子·尽心上》）

"万物皆备于我"是"自同于大全"的人的精神境界，这种精神境界也是"大其心"的成就。"反身而诚，乐莫大焉"是说，如果一个人真能达到这种境界，他会得到最大的快乐。"强恕而行，求仁莫近焉"是说，这种精神境界叫作"仁"；行"仁"的下手处，就是"忠恕之道"。

"仁"是儒家所说的最高精神境界的名称。"仁"这个词在《论语》中最多见，其意义的分歧也最多。它可以是指仁、义、礼、智四德之一，也可以是指最高精神境界。《论语》记载，孔子说："回也，其心三月不违仁，其余则日月至焉而已矣。"（《雍也》）这就是说，颜回可以达到最高的精神境界，而且持续三个月之久；其余的学生不过是偶然达到而已。孔子特别加上"其心"二字，以明他所说的是颜回的精神境界。所谓"寻孔颜乐处，所乐何事"，其乐处就在于这种精神境界，其所乐也就是这种精神境界。周敦颐是"北宋五子"之一，有人怀疑他并没有大的哲学体系，似乎不能与其他四人并驾齐驱。其实，他对于二程的这条教导，就足以奠定他在道学中的地位了。

近来常有人提倡"以苦为乐"，这话欠通。"苦"就是苦，怎么能以为"乐"呢？人所以能以苦为乐，是因为他在人们所引以为苦的事中，得到更大的快乐。但他又不是一个快乐主义者，因为他所寻求并得到的快乐，是精神境界中的快乐，不是肉体的快乐。

佛学所讲的"涅槃"与"般若"，也是人的精神境界。"涅槃"是"自同于大全"，达到这种境界的人，谓之"成佛"。"般若"是"涅槃"的自觉，达到最高境界的人必须是自觉的。如其不然，那就如《庄子·天下篇》所说的"块不失道"了。"涅槃"和"般若"是佛学中的两个主要概念。僧肇的《肇论》中有《涅槃无名论》和《般若无知论》，特别提出"无名"和"无知"，作为它们的特点。大全无名，所以"自同于大全"的精神境界也无名。"自同于大全"必须是自觉的；但是，这个自觉并不是一种知识，所以特别提出"无知"二字。"般若"是无知之知，僧肇称之为："照。"太阳光普照大地，但它自己并不用心，这就是"寂而恒照，照而恒寂"。"涅槃"和"般若"是佛家所谓成佛的人的精神境界的两个方面。

《论语》中记载："子在川上曰：'逝者如斯夫，不舍昼夜。'"（《论语·子罕》）道学家们认为这是孔子"见道体之言"。哲学家对于哲学中的主要概念，不仅要有理智的理解，而且要有直觉的感受。所谓"道"是道学所谓"大用流行"。道是在动态中的大全，大全是在静态中的道。对于"动的大全"这个概念，有深刻理解的哲学家，必然也直接地感受到一个无头无尾、无始无终的洪流在那里流动着，这就是"道体"。孔子在川上的那种感受，正是这种直觉，所以道学家们称之为"见道体之言"。程颢的《识仁篇》说：

> 学者须先识仁。仁者浑然与物同体，义、礼、知、信皆仁也。识得此理，以诚敬存之而已，不须防检，不须穷索。（《程氏遗书》卷二上）

"浑然与物同体"，是"仁者"的直觉。"识得此理"的这个"理"字，说明"浑然与物同体"就不是直觉，而是一个概念了。必须把直觉变成一个概念，其意义才能明确，才能言说。概念与直觉，不可偏重，也不可偏废。理学和心学的分歧，其根源就在于此。理学偏重分析概念，心学偏重运用直觉。鹅湖之会，两派互相批评。心学认为理学支离，理学认为心学空疏。理学偏重分析概念，由此而流之于解释文字，考订篇章，离开精神境界的修养越来越远。朱熹也自己承认为支离。他在回答吕子约的信中说：

> 熹亦近日方实见得向日支离之病，虽与彼中证候不同，然忘己逐物，贪外虚内之失，则一而已。（《王文成公全书·朱子晚年定论》）

王守仁将此信选入《朱子晚年定论》中，自有其目的；但这些话，是出于朱熹之口，这也是不能否认的。

金岳霖指出："哲学是概念的游戏。"而没有把这个论断同人类精神境界结合起来。以至于分析概念似乎是一种游戏。如果认识到真正的哲学是理智与直觉的结合，心学与理学的争论亦可以息矣。

戊戌变法时的一个大理论家谭嗣同，作了一部书，名为《仁学》。这个名称，很可以作为我所说的哲学的名称。在中国文字中，"仁""人"两个字可以互训。《中庸》说："仁者，人也。""仁"是儒家所说的人的最高精神境界，也是人之所以为人的最高标准。"仁学"也可以称为"人学"。人学所讲的是关于"人"的学问。生理学、医学以及心理学所讲的也是关于"人"的学问，但它们所讲的是关于"人"的身体方面的事情；

仁学所讲的则是人的精神境界，这两者之间大有区别。李白诗中说："早服还丹无世情，琴心三叠道初成。遥见仙人彩云里，手把芙蓉朝玉京。"他得"道"靠的是吃药，可见他所得的"道"是关于身体方面的事情。他得"道"之后所看见的是一种幻觉，可见他所得的"道"是道教的"道"，不是道家和道学所说的"道"。道家和道学所说的"道"是人的精神境界，道教所说的"道"是关于人的身体方面的事情。近来常听人们议论说，要提高人的素质。这个提高，就是人的精神境界的提高。其详细的内容，张载已经在四句话中说清楚了。

张载的四句话，我的概括为"横渠四句"。

这四句话有异文。朱熹编的《近思录》作"为天地立心，为生民立命，为往圣继绝学，为万世开太平"（《宋元学案》引文同。中华书局所编的《张载集》作"为天地主志，为生民立道，为去圣继绝学，为万世开太平"）。关于异文的考证，现不能作，也不必作。但就义理由言，应从《近思录》。我在本书第五册中认为"立命"应为"立道"，这个论断是错误的。"为天地立心，为生民立命，为往圣继绝学，为万世开太平"这四句话，简明地说出了人的特点：人之所以为人，即"人之所以异于禽兽者"。这四句中的那四个"为"字的主词，可能是张载本人，也可能是哲学家，也可能是哲学。无论如何，从一般人的观点看，第一句"为天地立心"很费解。其实，并不费解。宋朝有一个无名诗人，在客店的墙上题了两句诗："天不生仲尼，万古长如夜。"这是以孔子为人类的代表。他应当说："天若不生人，万古长如夜。"在一个没有人的世界中，如月球，虽然也有山河大地，但没有人了解，没有人赏识，这就是"长如夜"。自从人类登上月球，它的山河大地方被了解，被赏识。万古的月球，好像开了一盏明灯，这就不是"长如夜"了。地球和其他星球的情况，也是如此。地球上的山河大地是自然的产物，历史文化则是人的创造。人在创造历史文化的时候，也就为天地"立心"了。人所立之"心"，是宇宙"底"（所有格）心，不是宇宙"的"（形容词）心。

第二句是"为生民立命"。"立命"二字，在儒家经典中，初见于《孟子》。孟子说："夭寿不二，修身以俟之，所以立命也。"（《尽心上》）儒家所谓"命"，是指人在宇宙间所遭遇的幸或不幸，认为这是人所不能自主的。信宗教的人，于不能自主之中，要求一个"主"。信基督教的人遇见总不能自决的事，就祷告"上帝"，求他的"主"帮助他决定。祈祷以后，他自己再做决定。即使这个决定还是以前的决定，他也认为这是他的"主"替他做的决定。儒家指出，不需要这个"主"。人在宇宙间所遇到的幸或不幸，是个人的力量所不能控制的。既然个人不能控制，那就顺其自然，而只做个人所应该做的事，这就是"夭寿不二，修身以俟之"。人的精神境界达到这样的高度，宗教对他就失去作用了。蔡元培提倡以美育代宗教，其实，真能代替宗教的是哲学。

第三、四句都是"人之所以异于禽兽者"的事。对于禽兽，只有现在，没有过去，也没有将来，也无所谓"为往圣继绝学，为万世开太平"。

最合于"人之所以为人"的标准的人，儒家称为"圣人"。儒家认为，圣人最宜于做社会最高统治者，因为他是廓然大公。柏拉图认为，在他的理想社会中，最合适的统治者是哲学家，即把哲学与政治实践结合起来的所谓"哲学王"。儒家也认为，有圣人之德者，才宜于居最高统治者之位。这就是所谓"圣王"。《庄子·天下篇》认为，最高的学问是"内圣外王之道"，用我们现在的话说，就是哲学。

在中国封建社会里，封建统治者利用这个传统的说法欺骗人民。照他们的解释，不是圣人最宜于为王，而是为王者必定是圣人。所以在中国封建社会中，有关统治者的事都被称为"圣"。皇帝的名字称为"圣讳"，皇帝的命令称为"圣旨"，甚至于皇帝的身体也称为"圣躬"。

欺骗终究是欺骗，没有人信以为真。在中国哲学史中，从孟子起，就把政治分为两种：一种名为"王"，一种名为"霸"。王者"以德服人"，霸者"以力服人"。中国的历代王朝都是用武力征服来建立和维持其统治的，这些都是霸。至于以德服人的，则还没有。宋明以来，道学的"王霸之辨"，其根本的分歧就在于此。

照我的了解，圣人之所以为圣，全在于他的最高精神境界。

中国哲学的传统认为最适合为王的人是圣人，因为有圣人之德的人是大公无私的。程颢说：

> 天地之常，以其心普万物而无心；圣人之常，以其情顺万事而无情。（《答横渠张子厚先生书》，《程氏文集》卷二）

大公无私，只有最高精神境界的人才能如此。所以，只有圣人才最宜于为王。这就是"内圣外王"之道的真正意义。

再说第二部分。

客观的辩证法有两个主要范畴：一个是统一，一个是斗争。马克思主义的辩证法思想认为，矛盾斗争是绝对的、无条件的；统一是相对的、有条件的，这是把矛盾斗争放在第一位。

毛泽东论一个统一体中的对立面的关系时说：

> 原来矛盾着的各方面，不能孤立地存在。假如没有和它作对的矛盾的一方，它自己这一方就失去了存在的条件。试想一切矛盾着的事物或人们心中矛盾着的概念，任何一方面能够独立存在吗？……一切对立的成分都是这样，因一定的条件，一面互相对立，一面又互相联结、互相贯通、互相渗透、互相依赖，这种性质，叫做同一性。一切矛盾着的方面都因一定条件具备着不同一性，所以称为矛盾。然而又具备着同一性，所以互相联结。列宁所谓辩证法研究"对立怎样能够是同一的"，就是说的这种情形。怎样能够呢？因为互为存在

的条件。这是同一性的第一种意义。（《毛泽东选集》第一卷，328页）

又说：

事情不是矛盾双方互相依存就完了，更重要的，还在于矛盾着的事物的互相转化。这就是说，事物内部矛盾着的两方面，因为一定的条件而各向着和自己相反的方面转化了去，向着它的对立方面所处的地位转化了去。这就是矛盾的同一性的第二种意义。（同上）

关于"互相渗透"，1957年毛泽东在最高国务会议第十一次（扩大）会议作了《关于正确处理人民内部矛盾的问题》的讲话。我当时以全国政协委员的身份列席了这次会议。在讲到互相渗透的时候，毛泽东曾引了元朝赵孟頫送他的夫人管仲姬的一首曲子作为说明：

我侬两个忒煞情多，好比一对泥人儿，将来一起都打破，再捏再塑再调合。我中有了你，你中也有了我。

这首曲子生动形象地说明了两个对立面的互相依存、互相渗透。大概人们认为这个说明过分强调了对立面的统一性，在后来发表的文件中，这首曲子被删去了。

其实，统一性是不会被过分强调的。一个统一体的两个对立面，必须先是一个统一体，然后才成为两个对立面。这个"先"是逻辑上的先，不是时间上的先。用逻辑的话说，一个统一体的两个对立面，含蕴它们的统一性，而不含蕴它们的斗争性。一个统一体的两个对立面，又统一又斗争，好像一对夫妇，不是冤家不聚头，这是两个男女已经成为夫妇之后，才有了的情况；并不是随便一对男女都可能有这种情况。它们之所以有这种情况，是以它们之统一为夫妇为前提的。

客观的辩证法只有一个，但人们对于客观辩证法的认识，可以因条件的不同而有差别。照马克思主义的辩证法思想，矛盾斗争是绝对的、无条件的，"统一"是相对的、有条件的。这是把矛盾斗争放在第一位。中国古典哲学没有这样说，而是把统一放在第一位。理论上的这点差别，在实践上有重大的意义。

在中国古典哲学中，张载把辩证法的规律归纳为四句话：

有象斯有对，对必反其为；有反斯有仇，仇必和而解。（《正蒙·太和篇》）

这四句中的前三句是马克思主义辩证法思想也同意的，但第四句马克思主义就不会这样说了。它怎么说呢？我还没有看到现成的话可以引用。照我的推测，它可能会说："仇必仇到底。"

显而易见，"仇必和而解"的思想，是要维持两个对立面所处的那个统一体。就张载当时说，他是要维持中国封建社会那个统一体。"仇必仇到底"的思想，则是要破坏两个对立面所处的那个统一体。就马克思主义说，是要破坏西方资本主义社会那个统一体，马克思是革命家，他所组织和领导的共产党是革命的政党，马克思主义当然要主张"仇必仇到底"。毛泽东是革命家，他所组织和领导的中国共产党是革命的政党，毛泽东思想也当然要主张"仇必仇到底"。毛泽东常说"将革命进行到底"，就是这个意思。问题在于什么叫"到底"？"到底"在哪里？

任何革命都是要破坏两个对立面所共处的那个统一体。那个统一体破坏了，两个对立面就同归于尽，这就是"底"。革命到这个程度就"到底"了。这是一个事物的总发展过程中的一个段落。就一个社会说，这是它的总发展的一个段落。一个革命"到底"了，作为这个革命对象的那个统一体被破坏了，共处于这个统一体中的两个对立面同归于尽了，可这个社会仍然存在，不过它要从一个统一体转入到另一个统一体。社会转变了，作为原来统一体的两个对立面的人仍然存在，人还是那些人，不过他们转化了。革命家和革命政党，原来反抗当时的统治者，现在转化为统治者了。作为新的统治者，他们的任务就不是要破坏什么统一体。而是要维护这个新的统一体，使之更巩固，更加发展。这样，就从"仇必仇到底"的路线转到"仇必和而解"的路线。这是一个大转弯。在任何一个社会的大转变时期，都有这么一个大转弯。

张载对于辩证法又作了一个概括，他说：

> 两不立则一不可见；一不可见则两之用息。（《正
> 蒙·太和篇》）

"一"泛指一个统一体，"两"指一个统一体的两个对立面。一个统一体的存在，就表现在它的两个对立面中，所以说"两不立，则一不可见"；如果没有一个统一体，也就没有两个对立面了，所以说"一不可见则两之用息"。"两之用"，就是矛盾斗争推动事物发展前进。

张载说"仇必和而解"，这个"和"字，不是随便下的。"和"是张载哲学体系中的一个重要范畴，《正蒙》第一篇的题目就是《太和》，开头就说：

> 太和所谓道，中涵浮沉、升降、动静、相感之性，
> 是生氤氲、相荡、胜负、屈伸之始。

所谓"和"，并不是没有矛盾斗争，而是充满了矛盾斗争。所谓"浮沉、升降、动静、相感之性"，就是矛盾；所谓"氤氲、相荡、胜负、屈伸"，就是斗争。张载认为，一个社会的正常状态是"和"，宇宙的正常状态也是"和"。这个"和"，称为"太和"。

在中国古典哲学中，"和"与"同"不一样。"同"不能容

"异"；"和"不但能容"异"，而且必须有"异"，才能称其
为"和"。譬如一道好菜，必须把许多不同的味道调和起来，成
为一种统一的、新的味道。一首好乐章，必须把许多不同的声音
综合起来，成为一个新的统一体。只有一种味道、一个声音，那
是"同"；各种味道，不同声音，配合起来，那是"和"。

客观辩证法的两个对立面矛盾统一的局面，就是一个
"和"。两个对立面矛盾斗争，当然不是"同"，而是"异"，
但却同处于一个统一体中，这又是"和"。

"仇必和而解"是客观的辩证法。不管人们的意愿如何，
现代的社会，特别是国际社会，是照着这个客观辩证法发展
的，第一次世界大战刚刚结束，就出现了国际联盟。第二次世
界大战爆发，国际联盟失败，跟着就出现了联合国。联合国比
国际联盟组织更加完善。虽然其成绩距人们所期望的还很远，
但在国际社会中，已成为一支道义的力量，影响越来越大。不
过在人们的意识形态方面，它还没有占据一定的地位。在西方
哲学界中，流行着一种所谓专门性很高的哲学，研究与人生日
用无关的问题。我在1947年在美国遇见一位哲学教授，他说，
当时的美国哲学教授，最怕学生的家长们所问的一个问题：
"你教孩子们的那些东西，对孩子们有什么用处？"教授们对
于这个问题，茫然不知所对。联合国在巴黎设了一个哲学研究
所，我也是其中的一名成员，参加过几次会议。这些会议所讨
论的，仍然是当时美国哲学教授们所感到受窘的问题，与联合
国所需要讨论的问题毫无关系。中国传统哲学，一直被视为汉

学的一部分，认为它与哲学毫无关系。其实，在中国哲学传统中，哲学是以研究人为中心的"人学"，本书的读者如果按顺序读下来就可以明白这个意思。

上文说过，现代历史是向着"仇必和而解"这个方向发展的，但历史发展的过程是曲折的，所需要的时间，必须以世纪计算。联合国可能失败。如果它失败了，必将还有那样的国际组织跟着出来。人是最聪明、最有理性的动物，不会永远走"仇必仇到底"那样的道路。这就是中国哲学的传统和世界哲学的未来。

乱曰：

为天地立心，

为生民立命，

为往圣继绝学，

为万世开太平。

高山仰止，

景行行止，

虽不能往，

心向往之。

人生成功之因素[1]

三种因素——才力命

在人生成功的过程中，须具有三种因素，这三种因素配合起来，然后才可以成功。

（一）天才：我们人生出来就有愚笨聪明的不同，而且一个人生出来不是白痴的话，一定会在一方面相当聪明，而这种生出来就具有的愚笨聪明，无论什么教育家以及教育制度也不能使之改变，换句话说，教育功用只能使天赋的才能充分地发展，而不能在天赋的才能之外使之成功，这正如园艺家种植种子只能使所种的种子充分发展，而不能在这种子充分发展之外使之增加。

（二）努力：无论在哪一方面成功的人，都要努力，如果非常懒惰，而想成功的人，正如希望苹果落在自己嘴里一样不可能。

（三）命：这命不是一般迷信的命，命就是机会，也可以说

---

1 此为1946年10月作者在北大夏令营讲学的记录，原载《文华》创刊号。

是环境。如一个人有天赋才能，并且肯十分努力，但仍需遇巧了机会。如果没有机会，虽然有天资，肯努力，也是"英雄无用武之地"了。提到机会环境，常会有人说我们可以创造环境、争取机会，这当然是不错的。不过，创造环境，争取机会，却包括在努力之中，而这里所说的机会，乃指一人之力所不能办到的而言。

以上所说的三种因素，可以用中国旧时术语中一个字来代表一下：天资可以用"才"字来代表；努力可以用"力"字代表；机会可以用"命"字代表。一个人要在某方面获得成功，需要有相当的才、力与命。一提到命，恐怕会有误解。因为谈到命的时候太多，例如街头算命摆卦摊的谈命，旅馆住的大哲学家谈命，而这里所提到的命，却与他们都不相同。在这里所提到的命，乃是中国儒家所谈之命，是与一般世俗所说的命不同的。

一般世俗所谈的命，是天定的，就是我们人在生前便定下了一生的吉凶祸福。看相算卦可以知道人的一生吉凶祸福，我从来就不相信。据我看，这些都是中古时代的迷信，无论是在哲学上或是在科学上都是不合理的。

孔子孟子所讲的命，并不是这个意思，儒家所讲的命，乃指人在一生之中所遭遇到的宇宙之事变，而且又非一人之力所可奈何的。再重述一下，创造环境，争取机会是属于努力那方面。与这里的命无关，不用再多论。现在还是讨论命字，我们人在一生中总会遭遇到非一个人力量所能左右与改变的宇宙之事变。比如，1937年的事变直到1945年，经过八年的全民族抗战，我们才获得最后的胜利。日本人来侵略我们，我们不得已起而抗战。这些非以一人之力所能改变。更如现在世界战争虽然已经解决，然而仍有许多问题相继发生着。为什么我们生在这么个时代？为什么不晚生若干年，生在未来的大同世界中？此乃命。

以上才、力、命三者配合起来，三者都必要而不同具，也就是成功需要三者配合起来，没有时固不成，有了也不一定成。如同学考试加油开夜车，但也许考不及格。也就是不用功不能及格，而用功，也不一定及格！这道理就是在逻辑学上所谓的：必要而不同具。有些人常说不靠命，那么他又在说创造环境争取机会了。不过我已重述过，那是属于"努力"方面的。

说起命来，我们活这么大而不曾死，命就算相当好。我们要知道，人死的机会太多了，在母胎中，也许小产未出世就死去，这个人能成功不？幼童病死，有什么办法？我们进行了八年的全民族抗战，经过战争、轰炸以及流亡，如今仍能参加夏令营，我们的运气真好得不得了。

成功的种类与配合成分

以下我们讨论三者配合是否应该相等？也就是三者成分是不是应该每份都是33.3%？这回答却是不应相等，也不能相等，而是以成功的种类不同而每种成分各有不同。成功的种数不外有三：

一、学问方面：有所发明与创作，如大文学家、大艺术家、大科学家等等。

二、事业方面：如大政治家、大军事家、大事业家等等。

三、道德方面：在道德上成为完人，如古之所谓圣贤。

以上列举的三方面，以从前的话来讲，也就是立德立功立言三不朽。学问方面的成功是立言，事业的成功是立功，道德方面的成功是立德。除三种之外，也就没有其他的成功了。因为这三种成功的性质不同，所以配合的成分也就有了多寡。大致说来，学问方面"才"占成分多，事业方面"命"占成分多，而道德方面则是"力"占成分多。

学问方面的成功

学问方面，天才成分占的多。有无发明与创作是不只以得多少分数，几年毕业所能达成的。而且，没有天才，就是怎么用功，也是无济于事。尤其艺术方面，更是如此。所谓"酒有别肠，诗有别才"。有些人致力于作诗，并做到十分的努力，然而他作出诗来，尽管合乎平仄，可是不是诗。那么，他就是没有诗的天资，但也许他在其他方面是可以成功的。

事业方面的成功

事业方面，机会成分占得多。做学问，一人可以做到不需要别的人来帮助，而且做学问到很高深的时候，别人也帮不上忙。孔子作《春秋》，他的弟子们都帮不上忙。李白、杜甫作诗，也没有人能够给他们帮忙，我们更不能帮助科学家来发明。这大都是需要他自己去做的。然而，在事业方面，并非一人之力所能达成：

（一）需要有许多人帮忙合作。如大政治家治政、大军事家用兵等。

（二）需要与别人竞争。如打仗有敌手，民主国家竞选总统需要有对手。

总结一句话，还是事业方面成功，并非一人之力所能达成。如做一件事，需有多人帮忙，帮助他努力争取，同时，需要对手比他差，才能成功。有时他成，可是遇到的对手比他更成，那时只好失败；有时他不成，可是遇到的对手比他还不成，那时他也能成功。我们从历史上来看，例子很多。比如，项羽能力大，偏偏遇到的对手刘邦比他还高明，所以他只好失败。我们看看《垓下歌》："力拔山兮气盖世，时不利兮骓不逝。骓不逝兮可奈何，虞兮虞兮奈若何！" "时不利兮"，他毫无办法。有些庸才，偏偏成功，史册上很多，不胜枚举。

现在让我提一个故事，纪晓岚《阅微草堂笔记》有这么一段记载：有一个棋迷，有时赢，有时输。一天他遇到神仙，便问下棋有无必赢之法。神仙说是没有必赢之法，却有必不输之法。棋迷觉得能有必不输之法，倒也不错，便请教此法。神仙回答说：不下棋，就必不输。这个故事讲得很有道理。一切事，都是可以成功，可以失败，怕失败就不要做。自己棋高明，难免不遇到比自己更高明的对手，则难免失败；自己棋臭，也许遇上比自己棋还臭，臭而不可闻的对手，这时便也可成功，其他事业也是如此。

道德方面的成功

道德方面，努力成分占的多。只要努力，不需要天才，不需要机会，只靠大部分努力便能在道德方面成为完人。这是什么道理呢？也就是为圣为贤需如何？很简单，只有"尽伦"。所谓"伦"，即人与人的关系，从前有"五伦"：君臣、父子、夫妇、兄弟、朋友。现在不限定"五伦"。如君臣已随政体的变动而消失。不过人与人的关系却是永远存在的。例如，现在称同志，也是人与人关系的一种。为父有其为父应做之事，为子有其为子应做之事，应做的就是"道"。所谓君有君道、臣有臣道、父有父道、子有子道，也就是每个人都有他所应做的事。做到尽善尽美，就是"尽伦"。用君臣父子尽其道来比喻，名词虽旧，但意思并不旧。如果以新的话来讲，就是每个人应站在他的岗位上，做他应做的事。那么，为父的应站在为父的岗位上做为父应做的事，为子的应站在为子的岗位上做为子应做的事，等等。所以名词新旧没有什么关系，只要意思不旧即可。我们不能为名词所欺骗。有许多人喜欢新名词，听到旧名词君尽君道、臣尽臣道等，立刻表示不赞成。若有人以同样的意思，改换新名词，拍案大声说："每个人应该站在他的岗位上，做他应做的事。"于是他便高高兴兴地表示赞成了。

道德方面的成功，并不需要做与众不同的事。而且，"才"

可高可低，高可做大事，低可做小事。不论他才之高低，他只要在他的岗位上做到尽善尽美，就是圣贤。所以道德方面的成功，不一定要在社会上占什么高位置，正如唱戏好坏，并不以所扮角色的地位高低做转移。例如，梅兰芳，并不需扮皇后，当丫环也是一样。再者，道德方面的成功也与所做的事的成功失败无关。道德行为与所做之事是两回事，个人所做之事不影响道德行为的成功。如文天祥、史可法所做的事虽然完全失败，但他们道德行为的价值是完全成功的。更进一步来说，文天祥、史可法如果成功，固然是好，但所做的事成功，对他们的道德行为价值并不增加，仍不过是忠臣；同时，他们失败，对他们的道德行为价值也不减少，仍不失为忠臣。因此道德方面的成功不必十分靠天才，也不十分靠机会，只看努力的程度如何；努力做便成功，不努力做便不成功。这种超越天才与机会的性质，我们称之为"自由"，是不限制的自由，并不是普通所说的自由。"人皆可以为尧舜"，就是这个意思。不过我们不能说"人皆可以为李杜"或"人皆可以为刘邦、唐太宗"。诸位于此，会发生两个误会：

（一）道德上成功与天才机会无关，那么自己不管自己天资如何，同时，也不必认真做自己所做的事，只要自己道德行为做到好处就成了。不过这是错误的。一个人做事如文天祥、史可法做事，尽心尽力到十二分，则虽失败，亦不影响其道德方面的成功，但他们不尽心尽力，失败固非忠臣，成功也属侥幸，因为他们的"努力"程度影响了他们道德方面的成功。

（二）立德立功立言三者划分，实际上乃为讲解方便，其实立德非另外一事，因为立德是每个人做其应做之事，当然立言的人在立言之时，可以立德，立功的人在立功之时，也可以立德，每个人随时随地都可立德，所以教育家鼓励人最有把握就是"人皆可以为尧舜"，因此立德与立言立功是分不开的。

我的读书经验[1]

　　我今年八十七岁了，从七岁上学起就读书，一直读了八十年，其间基本上没有间断，不能说对于读书没有一点经验。我所读的书，大概都是文、史、哲方面的，特别是哲。我的经验总结起来有四点：（1）精其选，（2）解其言，（3）知其意，（4）明其理。

　　先说第一点。古今中外，积累起来的书真是多极了，真是浩如烟海。但是，书虽多，有永久价值的还是少数。可以把书分为三类，第一类是要精读的，第二类是可以泛读的，第三类是只供翻阅的。所谓精读，是说要认真地读，扎扎实实地一个字一个字地读。所谓泛读，是说可以粗枝大叶地读，只要知道它大概说的是什么就行了。所谓翻阅，是说不要一个字一个字地读，不要一句话一句话地读，也不要一页一页地读。就像看报纸一样，随手一翻，看看大字标题，觉得有兴趣的地方就大略看看，没有兴趣

1　本文于1982年6月写于北京，载《书林》1983年第1期。

的地方就随手翻过。听说在中国初有报纸的时候，有些人捧着报纸，就像念四书五经一样，一字一字地高声朗诵。照这个办法，一天的报纸，念一年也念不完。大多数的书，其实就像报纸上的新闻一样，有些可能轰动一时，但是昙花一现，不久就过去了。所以，书虽多，真正值得精读的并不多。下面所说的就值得精读的书而言。

怎样知道哪些书是值得精读的呢？对于这个问题不必发愁。自古以来，已经有一位最公正的评选家，有许多推荐者向它推荐好书。这个选家就是时间，这些推荐者就是群众。历来的群众，把他们认为有价值的书，推荐给时间。时间照着他们的推荐，把那些没有永久价值的书都刷下去了，把那些有永久价值的书流传下来。从古以来流传下来的书，都是经过历来群众的推荐，经过时间的选择，流传了下来。我们看见古代流传下来的书，大部分都是有价值的，我们心里觉得奇怪，怎么古人写的东西都是有价值的。其实这没有什么奇怪，他们所作的东西，也有许多没有价值的，不过这些没有价值的东西，没有为历代群众所推荐，在时间的考验上，落了选，被刷下去了。现在我们所称谓"经典著作"或"古典著作"的书都是经过时间考验，流传下来的。这一类的书都是应该精读的书。当然随着时间的推移和历史的发展，这些书之中还要有些被刷下去，不过直到现在为止，它们都是榜上有名的，我们只能看现在的榜。

我们心里先有了这个数，就可随着自己的专业选定一些须要精读的书。这就是要一本一本地读，所以在一段时间内只能读一本书，一本书读完了才能读第二本。在读的时候，先要解其言。这就是说，首先要懂得它的文字；它的文字就是它的语言。语言有中外之分，也有古今之别。就中国的汉语笼统地说，有现代汉语，有古代汉语，古代汉语统称为古文。详细地说，古文之中又有时代的不同，有先秦的古文，有两汉的古文，有魏晋的古文，有唐宋的古文。中国汉族的古书，都是用这些不同的古文写的。这些古文，都是用一般汉字写的，但是仅只认识汉字还不行。我们看不懂古人用古文写的书，古人也不会看懂我们现在的《人民日报》，这叫语言文字关。攻不破这道关，就看不见这道关里边是什么情况，不知道关里边是些什么东西，只好在关外指手画脚，那是不行的。我所说的解其言，就是要攻破这一道语言文字关。当然，要攻这道关的时候，要先做许多准备，用许多工具，如字典和词典等工具书之类。这是当然的事，这里就不多谈了。

中国有句老话说，是"书不尽言，言不尽意"，意思是说，一部书上所写的总要比写那部书的人的话少，他所说的话总比他的意思少。一部书上所写的总要简单一些，不能像他所要说的话那样啰唆。这个缺点倒有办法可以克服。只要他不怕啰唆就可以了。好在笔墨纸张都很便宜，文章写得啰唆一点无非是多费一点笔墨纸张，那也不是了不起的事。可是言不尽意那种困难，就没有法子克服了。因为语言总离不了概念。概念对于具体事物来说，总不会完全合适，不过是一个大概轮廓而已。比如，一个人说他牙痛。牙是一个概念，痛是一个概念，牙痛又是一个概念。其实他不仅止于牙痛而已。那个痛，有一种特别的痛法，有一定的大小范围，有一定的深度。这都是很复杂的情况，不是仅仅牙痛两个字所能说清楚的，无论怎样啰唆他也说不出来的，言不尽意的困难就在于此。所以在读书的时候，即使书中的字都认得了，话全懂了，还未必能知道作书的人的意思。从前人说，读书要注意字里行间，又说读诗要得其"弦外音，味外味"，这都是说要在文字以外体会它的精神实质。这就是知其意。司马迁说过："好学深思之士，心知其意。"意思是离不开语言文字的，但有些是语言文字所不能完全表达出来的。如果仅只局限于语言文字，死抓住语言文字不放，那就成为死读书了。死读书的人就是"书呆子"。语言文字是帮助了解书的意思的拐棍。既然知道了那个意思，最好扔了拐棍。这就是古人所说的"得意忘言"。在人与人的关系中，过河拆桥是不道德的事。但是，在读书中，就是要过河拆桥。

在上面所说的"书不尽言""言不尽意"之外，还可再加一句"意不尽理"。理是客观的道理，意是著书人的主观认识和判断，也就是客观道理在他的主观上的反映。理和意既然有主观客观之分，意和理就不能完全相合。人总是人，不是全知全能。他的主观上的反映、体会和判断，和客观的道理总要有一定的差距，有或大或小的错误。所以读书仅至得其意还不行，还要明其理，才不至于为前人的意所误。如果明其理了，我就有我自己的意。我的意当然也是主观的，也可能不完全合乎客观的理。但我可以把我的意和前人的意互相比较，互相补充，互相纠正。这就可能有一个比较正确的意。这个意是我的，我就可以用它处理事务，解决问题。好像我用我自己的腿走路，只要我心里一想走，腿就自然而然地走了。读书到这个程度就算是能活学活用，把书读活了。会读书的人能把死书读活；不会读书的人能把活书读死。把死书读活，就能使书为我所用；把活书读死，就是使我为书所用。能够用书而不为书所用，读书就算读到家了。

从前有人说过："六经注我，我注六经。"自己明白了那些客观的道理，自己有了意，把前人的意作为参考，这就是"六经注我"。不明白那些客观的道理，甚而至于没有得古人所有的意，而只在语言文字上推敲，那就是"我注六经"。只有达到"六经注我"的程度，才能真正地"我注六经"。

激发个人成长

多年以来，千千万万有经验的读者，都会定期查看熊猫君家的最新书目，挑选满足自己成长需求的新书。

读客图书以"激发个人成长"为使命，在以下三个方面为您精选优质图书：

1. 精神成长

熊猫君家精彩绝伦的小说文库和人文类图书，帮助你成为永远充满梦想、勇气和爱的人！

2. 知识结构成长

熊猫君家的历史类、社科类图书，帮助你了解从宇宙诞生、文明演变直至今日世界之形成的方方面面。

3. 工作技能成长

熊猫君家的经管类、家教类图书，指引你更好地工作、更有效率地生活，减少人生中的烦恼。

每一本读客图书都轻松好读，精彩绝伦，充满无穷阅读乐趣！

认准读客熊猫

读客所有图书，在书脊、腰封、封底和前后勒口都有"**读客熊猫**"标志。

两步帮你快速找到读客图书

1. 找读客熊猫

2. 找黑白格子

马上扫二维码，关注"**熊猫君**"

和千万读者一起成长吧！